閱讀教學新思維
教出聽說讀寫力

陳欣希◎策劃
花梅真◎作者

花若盛開，蝴蝶自來

　　引領孩子從親近閱讀、學習閱讀，到透過閱讀學習新知，進而能創新活用所知所學，一直是推動閱讀教育的路途上始終如一的信仰。

　　近年來因為承辦閱讀師培研習的工作，深感現場教師對於具備系統性、銜接性的閱讀師培規劃有著強烈的需求。在臺灣讀寫教學研究學會的支持下，松林國小在105年成立「臺南市跨校教師閱讀教學精進社群」，由小花老師親自帶領，在兼顧理論與實務、系統銜接與多元主題的研習進修中，協助臺南教育夥伴在讀寫教學路上持續的專業成長。

　　閱讀，不是孩子天生就會的能力，需要大人的陪伴、環境的配合，更需要有效的指導。小花老師出版《閱讀教學新思維——教出聽說讀寫力》一書，深感對於身為課程領導者

的校長，能幫助學校有系統的統整出學校本位讀寫教育課程地圖；對於現場的老師，則能循序引領讀寫課程規劃、有效教學策略運用和素養導向評量設計；對於每一個家庭，更能幫助父母與孩子在閱讀路上親子同行，鼓舞孩子親近閱讀、理解閱讀，進而活化運用，成為終生學習的愛閱者。

　　「花若盛開，蝴蝶自來。」小花老師就像一朵臺灣閱讀教育推動旅途上，那朵不斷綻放美麗的花朵，多年來持續散發著閱讀的芬芳，許多基層老師就像蝴蝶般的圍繞在她身旁，汲取花蜜，學習新知。這本《閱讀教學新思維——教出聽說讀寫力》是一本非常實用的好書，值得每一位師長參考，這是小花老師送給臺灣教育最好的禮物。

張志全

臺南市松林國小校長、
教育部106年閱讀推手獎得主

「親師生合作力量大」的展現

　　每次看到一本新書，我會帶著疑問閱讀（書的定位？全書架構？作者背景……），在閱讀中尋找答案。倘若您也和我一樣，建議先略過此文，閱讀後再比對發現；倘若您想快速掌握，就隨我自問自答，了解這本書的特色！

本書定位？

　　這是一本工具書，讓關注教育的大人（老師、家長……）了解「落實理念的具體做法」以及「執行之後的顯著成果」，讓大家更有信心、與我們一起努力——微調做法，確實提升小孩的基本能力！

　　真的，「成就每一個孩子——適性揚才、終身學習」，此教育願景，未曾改變過，大家都知曉，僅缺具體做法。如

果您也有著相似的困擾——學生表現不如預期、班級差異不小、學習動力不高、不清楚學生的困擾點、不知如何引領「學習方法」，這本書應該能解答部分的疑惑！

全書架構？

　　從目次可知，全書分五部分，其中「課程活動」、「環境氛圍」、「觀察評量」是主軸，是欣希輔導數所學校後、找出能讓老師「微調」以引領學生「自發、互動、共好」的三要素。

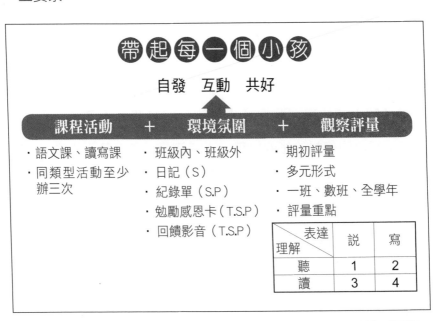

（圖表版權：陳欣希教授研發團隊）

環境氛圍旨在「凝聚共識」，與「會影響小孩學習的任何一個人」凝聚共識，好在各自位置努力、一起朝目標前進。具體的做法有：「互動教室」（營造師生、生生合作學習的氛圍）、「讓文章去旅行」（讓親師生透過文章閱讀交流彼此的想法）……。

課程活動旨在「引導學習」，引領小孩「學習方法」，以提升理解（聽、讀）、表達（說、寫）、檢索、應用的能力，或是透過領域學科（國語文、英語文、數學、自然、社會……），或是統整學校的相關活動（主題書展＋好書推薦＋與作家有約＋購買校書）……。

觀察評量旨在「掌握目標」，了解小孩的真實能力以調整後續的教學。具體方式如下：透過學習單上不同顏色痕跡了解小孩的學習狀況（「鉛筆」紀錄個人的思考、「藍筆」紀錄同儕討論後的修正、「紅筆」紀錄老師引導後的修正）、透過闖關活動評量小孩的能力、透過Google表單讓小孩自評……。

事實上，從任一元素切入均可。然而，若尚未能與家長溝通教學和評量的調整，建議可從「環境氛圍」開始。此影響的層面最小，但效益最大！

作者背景？

有時，了解作者的背景更能幫助我們理解書本的內容。而，認識這本書的作者，則會讓大家更有信心——小花老師都做得到了，那我一定也可以！

為什麼？請看看小花老師的自我介紹：

> 大學，社教系，都沒在念書；研究所，念體育，拿到學位後確認自己不適合；教書幾年，加入資訊輔導團，只是個user，對技術所知甚少；這幾年，將全部的心力放在閱讀。每當需要填寫學經歷，我都會猶豫。因為我不僅半路出家，中途還有很多岔路，最終，我選擇了閱讀。

對於這樣的自我介紹，欣希的回應是：

> 小花老師終於「勇敢」寫出自己的背景了！
> 是的，「態度」能把不足的「專業」補上！

說實在話，小花老師的學習態度很少人比得上。所以，她的優秀是學習而來的。我怎麼知道？因為我是看著她「長大」的，至今已認識十年了！

最初，我是在另一位教授的計畫中認識小花老師。剛開始小花老師常對我說：「我們現場老師不是不想落實理念，就是會遇到許多困難！您們這些雲端上的教授是無法理解的……」。大約第五年起，我們更緊密合作，小花老師的態度也有了明顯的改變。造成改變的原因很有趣！因為，小花老師覺得我這位教授很「笨」，所以，想支持我落實理念。

　　在小花老師盡全力、無條件支持欣希的同時，她也快速成長了。而且，小花老師的學習慾很強，簡言之，她把握每一個成長的機會：觀摩專家上課、參與教材研發、課堂教學實踐、紀錄學習歷程、臉書分享學習、帶領社群共備……。上述機會常同時出現且持續進行，而已經很優秀的小花老師仍舊積極學習。就是因為她的積極，穩定了自己的教學能力，帶領學生快樂並有效的學習！

　　在欣希的「逼迫」下，小花老師終於完成這本書了。這本書，不僅是小花老師這幾年成長的代表作，也是他們班「親師生合作力量大」的最好證據，更是讓其他老師了解完整理念與具體做法的工具書。

　　如何？了解小花老師的專業背景、看見小花老師的教學成效，想必更有信心了——改變，沒有想像中那麼困難！而

且，相信我，接下來的教學要有顯著效益無須再等十年，因為欣希也一直在成長——更加了解現場老師的困擾與需求、更知道如何邀請老師與我們一起努力！

　　寫到這，您可能也會好奇欣希的背景！

　　欣希念哲學系、心理學研究所、幼兒教育博士，從碩士畢業後至今二十年只做一件事——語言讀寫的研究、研發、與推廣。在這之中，前十年的推動對象以家長、故事志工為主，後十年則是教師——幼兒、國小、國中、以及高中職階段。

　　謝謝師長對欣希的信任，交付欣希數個重大任務：協助全國國中小閱讀推動、研發12年國教語文素養導向教材、培養縣市層級的種子教師、協同學校建立校本特色課程……。這些任務，讓欣希迅速成長。

　　更謝謝參與「研究輔導計畫」的師長，讓欣希能長時間（一年／兩年／三年）、高密度（每月入校一次）、近距離（不僅與老師研討，也參與課堂教學）的觀察，讓欣希確切看見「教師和學生的困擾」，讓欣希得以思索「引領學生自發、互動、共好的具體做法」。

最謝謝小花老師，一直盡全力、無條件支持欣希。欣希的任何一個想法，任何一個多數人覺得不可能的想法，小花老師一定會實踐、紀錄、省思，讓大家看見想法的可行與效益。更別說，小花老師還協助欣希建置部落格、臉書等，促成更多關注教育的夥伴一起來交流，共同成長。

　　許多師長曾問我：團隊中有這麼多優秀的老師，是怎麼招募的？我想了一下，夥伴們大多是自動加入的；欣希只是堅定前進、建立示例，讓教育現場的老師對欣希、對改變更有信心！

　　若想更了解欣希個人，可閱讀這篇文章（https://goo.gl/q3hLN6），若想更了解欣希團隊做的事，可瀏覽「思考泡泡」部落格（http://blog.roodo.com/hsinhsi）。若在教學調整中遇到任何困擾，歡迎提出來，我們一起努力！

陳欣希

學生的表現，佐證老師的成長

今年（2018）暑假，我們團隊舉辦的主題讀寫營共有11個班別，其中10個班，都是由老師擔任講師，帶領學員備課、實作。而第11個班有些不同，因為，主講者是「小花生」——小花（我）的學生（四年級）。

這個「創舉」來自三方勇者——

教授勇於開創新局，

小花勇於放手嘗試，

小花生勇於接受挑戰。

「小花生們」不是「挑出來的」，是「自願參加」的喔！這是本班一貫的作風——機會是要自己爭取的。

當我好奇的問：你真的要參加？很辛苦喔！

孩子說：我想試試看。

　　我再問：這次的任務挑戰性更高了，為何願意參加？

　　孩子說：因為都是我們學過的啊！

　　嗯，吾心甚慰啊！孩子真的做到了「學以致用」，用於各項學習、用於日常生活，甚至扮演推廣者的角色。

　　在「小花生」身上，我們看到了「素養導向」課綱落實的可能——自發、互動、共好。

　　羅馬不是一天造成的，小花生也不是一天就成熟的。10年磨一劍，從接觸閱讀至今，正好是第5個班，10年！

推動閱讀，我不算資深，還半路出家。但每屆學生卻能屢屢突破上屆表現，佐證老師的成長。原因之一是，我專注且投入大量時間、心力；原因之二是，有良師益友的教授[1]一路支持，省卻許多摸索，當然，也少不了「督促」。

教授說了多次：出一本書吧！我的OS：開什麼玩笑！

教授說過的話，遲早會實現，這次也不例外。本書的出版，即是「被督促」的成果。

如果您好奇「小花生」的養成經過，請先看看「總說」；如果對於改變「既期待又怕受傷害」，請試試「環境氛圍」的做法；如果已準備調整教學，可直接對比「課程活動」的內容；如果想驗證成效，請參考「觀察評量」的建議。

既然孩子都勇於接受挑戰了，我們也應該同步「堅定、前行」吧！

[2]

一起加油！

---

1 本書中，欣希教授常會化身為「亞斯貓」，因為她對推動閱讀這件事，有著近乎偏執的堅持（就像亞斯……）。她說自己是「貓毛」，比俗稱的「龜毛」還嚴重，所以我稱她為「亞斯貓」。基於貓捉老鼠的生物特性，常常被「喵」的小花，就是「小花鼠」囉！

2 「小花的教學筆記」部落格 http://blog.roodo.com/meijeanhua

目錄

❀ 課程活動

❀ 環境氛圍

❀ 觀察評量

❀ 持續成長

# 一 總說

「獲得知識是一種快樂，而好奇則是知識的萌芽」，以此比對我在閱讀領域的成長歷程，真是十分貼切。

　　的確，一切起因於「好奇」。接觸「閱讀」一學期後，當時自我感覺良好的認為已經可以掌握。但了解越多，才越能感受到自己不足，更願意潛心、腳踏實地的學習。

　　10 年過去，接下來要做的，仍然是──堅定、前行。

改變契機

我不是因為喜歡閱讀而開始的

接觸閱讀，是因為當初學校接了相關的計畫，當時只是好奇：閱讀不就是「讀」嗎？為何「讀」也需要策略？

記得那段時間，我最期待定期的聚會，討論過去一個月的成果、疑惑，得到建議再繼續下一個月的教學，讓當時教學年資已超過 10 年的我，感受到未曾有過的充實感。為了方便討論，我養成了隨手紀錄教學歷程的習慣——持續至今。計畫結束，有許多收穫，包括自我感覺良好的認為自己了解閱讀了，但同時也開啟了疑惑之門：

> 🍎 **收穫**
>
> 原來，閱讀不是只有讀，是真的有策略。
> 原來，老師是優讀者，所以不容易覺察孩子的困擾。
>
> 🍎 **疑惑**
>
> 要怎麼準確的知道孩子的困擾？
> 那些閱讀策略之間的關係是什麼？

於是，我開始積極參與相關研習，這才知道，原來閱讀的學問這麼大！

調整歷程

從「自我感覺良好」到「一步一腳印」

	班級 1	班級 2	班級 3
學年度	97~98	99~100	101~102

參與研究計畫	都是狼惹的禍	教學評量一起來
・以策略規劃教學	・以策略規劃教學 ・利用問思試題微調評量	・以策略規劃教學與評量

都是狼惹的禍

　　屈指一算，接觸閱讀至今經歷 5 個班級，每一屆的調整痕跡可說是「歷歷在目」啊！

　　進入閱讀的第 2 個班，欣希教授大駕光臨，用《一隻有教養的狼》示範了一場教學，讓我得以一窺問思教學的奧祕……

　　那次教學就像一篇曲折起伏的故事。其實，除了教授的教學之外，我更期待展現自己的成果──努力了將近兩年之後，總算可以讓教授親自檢驗一下，學生在我的指導下有多棒了！

　　沒想到，將近兩節的教學簡直是一團亂！理解文本，學生體會不到；小組討論，像菜市場……

學年度	班級 4 103~104	班級 5 105~106

讀故事，學素養	故事、說明齊步走
·故事基模導入素養 　教學 ·整理教學歷程	·故事、說明導入素養教學 ·環境氛圍營造 ·運用所學於生活中 ·整理教學歷程

　　過了好久教授才告訴我，那個教案她教過多次，只有在我的班失敗。天哪！簡直是在我快癒合的傷口灑鹽嘛！

　　之後，我開始自己教看看。因為我不相信自己超過10年的經驗，竟會比不上一個只會在雲端上講理論的教授，這簡直是奇恥大辱啊！

　　一學期內，我用多篇教案密集教學，其中《狼》教了5次（對，就是那隻讓我鬱卒的狼），也試著在評量放入問思的試題。這段經驗為我的閱讀視野開了另一扇窗：

 收穫

原來，用提問引導學生思考就是「問思教學」。
原來，當孩子答不出來的時候，要一步步搭鷹架。

疑惑

要具備哪些能力，才能問出這些好問題？
一定要先問很難的問題，再搭鷹架引導嗎？

教學評量一起來

第 3 個班級，考試囉！

我開始試著組織教學與評量，後者更需夥伴的支持。

學年老師從一開始的觀課者——觀看我的教學並且寫回饋；慢慢變成實際的教學者、教材設計者，努力調整教學。接著，我開始進一步思考：評量該如何調整，才能知道教學成效？

夥伴們後來會說自己已經回不去了——回不去之前的教學。這些都是我的前輩，教學年資都超過 20 年，還有超過 30 年的，每個人都是很有口碑的老師。這些「資深美少女」的努力，真的值得後輩們尊敬。之後，我們甚至主動出擊向全學年家長說明。

所以，每當有人問起我們學年的推動經驗，我總會歸因於兩點：

第一，我們是經過多年的調整才有目前成果；

第二，因為夥伴的支持，才讓理念得以落實。

現在回想起來，那時，真是一段美好的歲月！

除了校內備課之外，我也開始嘗試帶領校外的社群。藉由和不同社群的接觸，更能了解在不同氛圍下，老師們的想法與需求，包括成長的方向與速度。這些經驗讓我深刻的體會，原來大家的想法這麼多元，不能以單一的想法要求每個人要和自己一樣。

　　其實，這樣的過程也讓分享者同步快速成長——我一直都認為自己也是受益者。每次討論前的準備，豐富了我的備課經驗，重複做就會熟練。因此，我的成長有很大的因素要歸功於這些分享的機會。

🍎 收穫

夥伴協力同行，讓理念有落實的可能。
透過與人分享，增進自己備課的效率。

🍎 疑惑

備課、教學、評量，三者的關係？
三者同步調整？還是先選定一個目標？

　　此外，我開始每週一文，分享自己的教學。與其說是分享，更像是自我檢視——自我監控啦！

讀故事，學素養

第 4 個班，又有新氣象！

雖然先前已有撰寫閱讀教案的經驗，但素養導向教材的研發，挑戰性更高了。我們雖然知道應該要「學以致用」，卻很少認真思考要如何運用到生活中，尤其是「聽說讀寫」中的「聽、說」，更是常被忽略。

素養導向教材的規劃以「基模」為基礎。為何要讓學生有「基模」的概念？為的是讓學生有效累積經驗，原來，這也是有方法的。從文本的挑選、教學的設計、評量的檢核，都應該緊扣目標。說來輕描淡寫，但研發過程卻是吃足了苦頭。在無數修改之時，在教學不夠到位之際，常常會有滿腦子的疑問：

・我真的了解學生的需求嗎？

・我真的有豐富的教學經驗嗎？

・為何那個沒什麼現場經驗的人（欣希教授），似乎比我這個第一線老師還清楚啊？

好不容易，第一批教材出版了，如果再有第二次，應該是得心應手吧！那可不……真的不是這樣的。

那麼，用自己設計的教材來教學，總該輕鬆點吧！

並沒有⋯⋯

因為，背後總有隻「貓」（沒錯，還是那位教授），隨時「喵喵喵」的緊迫盯人，逼得我隨時要「自我監控」！

參與研發教材的經驗，讓我得以從不同面向看待閱讀策略與語文教學的關係，也更能從錯綜複雜的訊息中，形成整體感；而隨時自我監控，讓我更能調整細微的教學指令。這是有必要的，因為平時的「我」，就是那間教室的「王」，若非有意識的自我監督，其實是很不容易跳脫既有的習慣。

🍎 **收穫**

參與研發設計才知道，原來教材有那麼多考量因素。
實際落實教材才知道，原來引導語的精準很重要。

🍎 **疑惑**

素養導向和閱讀策略的關係是什麼？
現行教材要如何落實素養導向的理念？

故事、說明齊步走

目前是第 5 個班，哇，難道是 10 年磨一劍？

這個班做的事延續上一屆，不過，大同之中仍有小異。例如，更落實故事、說明兩類文本的循序帶領，更知道如何讓學生有素養——亦即「運用所學」。

有了先前的經驗，尤其是上個班留下的教學筆記，讓我不用靠著微弱的記憶力回想，備課也輕鬆許多。

前面提到的「聽、說」，也試著在這個班更具體實踐，而且有一些成效呢！還有評量的差異化、讓學生有選擇權，也許不夠成熟，但也在這個班實現了。

還有，環境氛圍。

因為我一向以課程優先，營造氛圍一直不是我的強項。現在，我可以更有策略的規劃，例如文章旅行要挑哪些類別的文章、例如不斷激發孩子的內在動力，關於後者，我真要感謝那顆「小熊印章」呢！

這個班是幸運的，團隊設計的教材、舉辦的活動都趨於成熟；還有，請容我老王賣瓜一下，老師的教學模式也應該更穩定了吧！

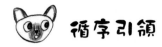 **循序引領**

（課程＋氛圍＋評量）× 持續

上面標題是本書的架構，也是第 5 個班落實的內容。

要成功推動閱讀有幾個因素，「課程」應該是最受重視的主體，其次是「評量」。

除了這理所當然的兩項因素，還有什麼？環境氛圍。

對於調整課程與評量還有疑問，但又想推動閱讀的老師，「環境氛圍」無疑是最好的切入點。只要利用一些小技巧，就可以有不錯的效果。例如……

文章旅行：以文章和家長或夥伴間接交流想法。

互動教室：提高學生和作品互動性的教室布置。

至於我自己的推動歷程，則是以課程開始，也在此著力最多，所以，本書仍將課程放在第一，環境氛圍其次，最後是觀察評量。

至於「持續成長」的部分，則分享未來的努力方向，包括自己的成長、帶領社群、研發教材等。

無論是課程、氛圍、評量的調整，都需要持續。唯有持續，才能讓涓滴之水發揮改變的力量。

課程活動

　　「課程活動」是整個學習的核心，卻得先「確認目標」才能照章行事。因此，本單元以整體規劃開始談起，先了解學生腦中的想法，再透過教材建立閱讀的基模，讓學生在理解後能以口語或文字表達，並將所學運用於生活中。

確認目標・整體規劃

一節、一課、一學期,還是兩年?

小花鼠的備課初體驗

記得剛開始實施九年一貫課程時,一放暑假的備課日,教務處給了一些表格要各學年完成一學期的規劃。

望著那些應該熟悉、實際上卻很生澀的「專有名詞」,我們學年努力的討論兩三天,弄到每天中午都得叫便當進來,一邊吃一邊討論……

當下絲毫沒有「整體規劃」的雄心壯志,不過「目標」倒是很明確,就是盡快寫完「作業」交差!

那是我第一次感受到——原來,「備課」是個浩大的工程!

目標在哪裡？

多年過去，課綱又重新修訂了。

而今的備課呢？

先讓我們用一個簡單的比喻檢視自己的備課歷程：

方式一：先射箭、再畫靶心

方式二：確認靶心位置、瞄準，再射箭

無庸置疑的，後者會是我們希望的方式，那麼「靶心」在哪裡呢？

若是全校性規劃，就是縱向的年段串連；若是級任導師，目標就是一節、一課、一學期，甚至是兩年！

為何是兩年？

因為課綱以兩年為一個階段來思考孩子應具備的能力；小學的導師帶一個班也是兩年；閱讀理解策略通常也是以兩年為一個階段。所以，我開始問自己：兩年之後，我希望孩子具備哪些能力？該怎麼做才能達到預期目標？

跨入閱讀是偶然，投入閱讀則是因為了解。幾年的經驗讓我知道，閱讀是跨領域的能力，是學習的基礎能力。九年一貫課綱訴求在「能力」，而108課綱更強調「能力的運用」，的確，「學以致用」這個詞要落實才真的「有用」！對處於「利用閱讀來學習」的中年級而言，我為「教」與「學」立下的終點目標是：

　　能分辨故事、說明兩類文本的特性，進而選擇適當的策略幫助自己理解，並將所學運用於生活中。

　　這目標看起來似乎有點遠大！要從哪些方面著手呢？欣希教授規劃的藍圖就是重要的引領指標。

帶起每一個小孩

自發　互動　共好

課程活動　＋	環境氛圍　＋	觀察評量
・語文課、讀寫課 ・同類型活動至少辦三次	・班級內、班級外 ・日記（S） ・紀錄單（S.P） ・勉勵感恩卡（T.S.P） ・回饋影音（T.S.P）	・期初評量 ・多元形式 ・一班、數班、全學年 ・評量重點

理解＼表達	說	寫
聽	1	2
讀	3	4

（圖表版權：陳欣希教授研發團隊）

這張圖提到的課程活動、觀察評量，原本就是努力的方向。但，環境氛圍？一開始我還在心裡多念了幾次，思索著用意。是了，當周圍的環境（人事物）都朝向同一目標，形成氛圍之後，所有的改變應該就會水到渠成「自・動・好」了吧！

以下就談談課程活動、環境氛圍、觀察評量的規劃。

課程活動：無「三」不成禮

為什麼同類型的課程活動至少要安排三次？

在接觸閱讀理解策略後，我知道要做到「漸進釋放責任」，需讓學生有類似經驗。

舉例來說，許多人都有駕照，但若平時沒開車能力，就會慢慢退化、甚至不敢上路了。再想想自己學開車時，從第一次倒車入庫到「人車合一」順利將車子停在格子中，經過了幾次練習？答案通常不會只有一兩次，而是很難計算，對吧！大人要學習一項新的技術都需要多次、重複的練習，效果才會顯著。孩子的學習，亦然！

但現行教材不是以這樣的思維來編排文本。小學一冊的國語課本有4個單元、16課，每個單元會包含不同的文本類型，例如106學年翰林3上國語的第一單元就包含了詩歌、故事、敘事、書信。這種主題文本的編輯概念，優點是可讓學生知道如何以不同的寫法呈現同一主題，但若目的是累積經驗以養成能力，就未必適合。

> 一、時間是什麼：詩歌
> 二、神奇鐘錶店：故事
> 三、明天再寫：敘事
> 四、提早五分鐘：書信

這疑問在參與教材研發中得到了答案。為了提供具體的例子以推廣理念，這幾年，欣希教授帶著團隊夥伴馬不停蹄的研發、研發、研發……。一連講三次不只是因為很重要，更是因為連續研發了故事、說明共三套教材。經過了「千錘百鍊」之後，我也從中領會到課程活動「無三不成禮」的重要！

「聽說讀寫，有策略！」叢書四冊——低年級、中年級、高年級、國中。
陳欣希編著（圖片提供／天衛文化）

那麼，要怎麼安排「三次」課程活動呢？

假設一冊課本有三篇故事體，請思考下列兩種方式，哪一種比較有利於累積經驗：

第一，連續三週都上故事體，第一篇教師帶著全班共作（TS），第二篇小組或兩兩討論（SS），第三篇學生獨立完成（S）。

第二，第一篇在期初教學（9月），教師帶著全班共作（TS）；第二篇在期中（11月），由小組或兩兩討論（SS）；第三篇在期末（1月），學生獨立完成（S）。

發現了吧？這就和前面提過的「學開車」一樣！

如果原本的課次就是連續的，那真是美好的規劃；但，世事豈能盡如人意……

要調整課次，最大的困擾之一應該是評量。這問題其實也不難解決，如果學年一致，當然又是另一件美好的事；如若不然，就自己調吧！以期中考為界，評估這7＋1課是否需要調整（7+1，亦即7篇課文＋1課閱讀），只要在考試前上完進度就好啦！

所以，有了「三」，還要加上「連續」——效果才好喔！

環境氛圍：親師生一起來

若說課程活動是色香味俱全的主菜，環境氛圍就像是清爽的前菜或餐後可口的甜點。前菜令人充滿期待、引起食欲；甜點則讓人回味無窮、想再次造訪。

「環境氛圍」就是扮演類似的角色，藉由一些簡單的活動，達到彼此交流的目的。

師生互動，不只上課或批改作業，還可以透過聯絡簿的日記知道孩子的學習狀況與生活點滴，也製造親師生溝通的機會。

同儕交流，不只在課堂分享，還可以將圖文紀錄貼在公布欄和其他人分享想法，老師也可以製造機會，讓學生在交流中互相學習成長。

親師溝通，不只聯絡簿、學校日，還可共讀文章交流想法。是的，不只學生，家長也可以共讀喔！

環境氛圍是無形的助力，讓孩子自然而然浸潤在情境中。也許一開始從引起動機的角度出發，細水長流，慢慢的加一點「料」，就能成為學習的助力。

至於要加什麼「料」呢？只要朝著「終點目標」前進就對了！

觀察評量：聽寫＋讀寫

「評量」是最能牽動親師生神經的一條線，因為緊接而來的，就是「分數」！其實，非但家長、學生在意，身為老師也不見得可以釋懷呢！

「評量」的目的可以是評估起點或是檢核成效，學校的評量以後者居多。不過，要先評估起點才能客觀的對應成效。評量的重點包括聽說讀寫，分屬「理解」、「表達」兩個向度；內容、形式都可以很多元，都有一些問題需要克服，所以才建議「微調」呀！

理解＼表達	説	寫
聽	1	2
讀	3	4

那麼，要怎麼調？

可以先調整局部，即先調整少部分考題，再思考整分試卷。或是先調「表面效度」，配分、試題分量；再細調「內涵質量」，也就是提問的形式與品質。

若想評能力而非記憶，該怎麼做？

可以思考文本來源，課文脫不了記憶的因素，若要評能力就要用課外文本了。

還有「聽、說」的能力……

還可能需要說服其他人……因為，「評量」太敏感！所以才建議「微調」呀！（第二次）

還有還有，光是處理課程活動可能就要耗費許多心力了……所以才建議「微調」呀！（第三次）

看起來，眼前似乎千山萬水、困難重重……

重新思考「考試引導教學」，這句話聽起來讓人有些不舒服，但是，如果試題可反應孩子的能力，那麼，這個方法倒是不錯。就像是健康檢查，看到紅字就知道要多加留意；評量一樣也有提醒作用，讓我們知道孩子已經具備哪些能力、還有哪些需要補足。

所以，後來我反而覺得評量是個好方法——讓教師省思教學、讓家長關注孩子的學習。當教師、家長都重視的時候，學生自然會往更好的方向成長。

同步要調整課程、環境、評量，負荷其實有點重，但只要心中有藍圖，循序漸進就會慢慢看到成效囉！

小花鼠內心小劇場

照理說，「備課」是老師的本分，但我從茫然「填資料」交差，到可以有獨立思維、自主備課，居然經歷了將近10年之久⋯⋯

這期間我做了什麼？

從加入閱讀研究計畫開始，到加入團隊；經過不斷的教學、修正，以及持續整理教學歷程；還有，帶領校內外社群的經驗，也是促使自己快速成長的方式。

我成長了，只是，對於早些年教到的小孩，真是要深深一鞠躬了。

理解監控・看見思考

打開大腦的黑箱，了解學生的困擾

小花鼠傻傻分不清楚

第一次聽到「理解監控」，是初次參加閱讀研究計畫的會議上。臺上的教授輕描淡寫的說出這個詞，我頓時滿頭霧水──是要監控什麼？

還來不及回神，教授又滔滔不絕的講述大腦理解的過程……我腦中一片空白，甚至，一股「莫名其妙」從心底冒出──有那麼嚴重嗎？為何要將這麼簡單的事複雜化？

但，既然已經上了賊船，喔不，是參加了計畫，只好硬著頭皮「監控」下去了。

只是，這「理解監控」，到底是什麼啊？

經過了兩年、一個班，四年、第二個班……

現在，每一課學生都得先用「理解監控」預習……

打開黑箱的那堂課

101年9月初，開學第一天雖然沒時間上課，卻還是交代了作業——回家背第一課一、二段。

隔天，我帶著些許期待、些許好奇的心情，開始第一節國語課——想用新班級試驗一下，看看學生會有什麼反應！

就像演員一樣，我一步步的執行著「理解監控」的劇本，從放聲思考開始示範：

老師昨天一邊看這篇課文一邊想，「翻開」這個詞是什麼？我不太懂，就在旁邊打個問號……

現在，請大家用同樣的方法，閱讀第二段，並在不懂的地方打問號。

翻開爸爸的相簿，
在相簿裡：
有一個小娃娃，
躺在搖籃裡，開心的笑著；
有一個小孩子，
包著尿布正在學走路；
有一個小學生，

「這些」不懂？
高興的從老師手上領取畢業證書，
這些 都是小時候的爸爸。

（101年康軒三下第一課〈爸爸的相簿〉第二段）

　　猜猜看，學生會對哪些詞有疑問呢？提醒一下，對象是剛升上三年級的學生，其實，跟二年級沒有差太多。

　　身為老師，我們可能會解釋「搖籃」、「畢業證書」之類的語詞吧！這些也的確「雀屏中選」。除此，還有一些語詞被提出來，其中最讓我意外的是「這些」！是的，當學生提出來時，我著實愣了一下，「這些」不懂，該怎麼解釋啊？直接說明可不是「引導者」所為呢！於是，我只好使出絕招：有沒有誰可以幫忙解釋呀？

　　第一個救兵：「這些」就是這個

　　第二個救兵：很多「這個」就是這些

　　學生的答案讓我心頭為之一振，這真的比字典上任何一個解釋都更直白、貼切！

在處理「這些」時，我還請學生分辨自己是「懂」還是「不懂」，有三個選項：

一、真的懂（A）

二、不知道自己哪裡不懂，所以覺得自己懂（B）

三、不懂，而且能指出自己不懂的地方（C）

在「這些」的解釋揭曉之前，大部分的人都覺得自己是A或C；但是，經過一些討論後，學生更清楚知道文本中的「這些」應該包括小娃娃、小孩子、小學生等照片；最後，有超過一半的人覺得自己剛才的狀況應該是B——其實是不知道哪裡不懂，所以覺得懂。

所以，我請全班同學為剛剛提出疑問的人鼓鼓掌，因為——

知道自己不懂，是一件很厲害的事！

那堂課的結果讓我十分震撼：原來，學生是這麼想的；原來，我並不清楚學生的「不懂」……那麼，我之前是在備什麼課？

按圖索驥，尋找大祕寶

請大家先仔細回顧自己理解語詞意思的過程，步驟越細越好。一開始有點難，「難」的原因可能是：這麼「簡單」的問題要怎麼細分步驟啊！

但偏偏，教學就是需要將步驟細分再細分，解決語詞問題的思考流程如下：

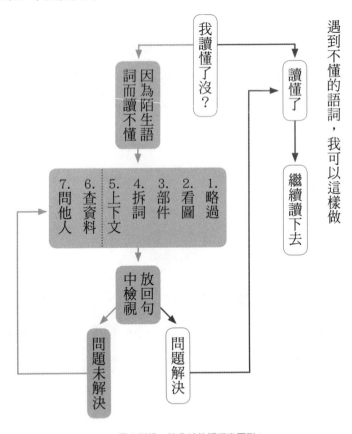

（圖表版權：陳欣希教授研發團隊）

從上圖可以知道，遇到不懂的語詞，要先覺察自己的理解狀況，接著選擇解決的方法，再檢核問題是否解決。如果您留意到箭頭的方向，就會發現這是一個循環，一個不斷自我監控與解決問題的循環。

接著，再問自己兩個問題：

問題一：不懂的語詞可以略過嗎？

問題二：5和6中間為何有一條虛線？

先想想，再看答案喔！

問題二：應該是，若發現其白己問題，影響閱讀理解：有必要再找資料來解決其他問題。
問題一：只要不影響整體閱讀文本，就可以略過！

字典是萬靈丹？講述最快速？

在接觸閱讀之前，遇到學生不懂的語詞，我通常採用以下兩種方式，現在想想，這些方式真是有待商榷：

方式一：直接講述。這樣的方式又快又準確，看似直接解決了問題，但由老師單方面的灌輸知識，學生通常未能學到方法。

方式二：查字典。學生自己查，總算有學到方法了吧？但問題是——

1.字典上的解釋可能衍生更多不懂的語詞；

2.學生是否有能力從眾多解釋中挑選適合的？

所以，有時會出現這樣的結果：

選了一個怪怪的解釋，令人啼笑皆非；

努力的抄下合適的解釋，但，還是不懂意思……

這樣，師生豈不是白忙一場嗎？

「查字典」還是有存在的必要性，可引導學生從中學到「方法」。所以，再問問自己：要從許多解釋中找出合適的，其實就是流程圖中的哪個方法呢？

（1）部件　（2）拆詞　（3）上下文

（答案見P.49）

教方法：全部一起來？一個一個慢慢來？

流程圖中列了7個方法，若不考慮尋求「外援」（查資料、問他人）以及略過、看圖，就剩下「部件、拆詞、上下文」。請思考下列兩種方式：

方式一：每一課都教三種方法，讓學生慢慢熟練。

方式二：第一課只教一種方法，第二課檢核學生是否熟練，再決定是否教第二種；第三種……

若一時無法判斷，就想想我們的目標：哪一種方式比較能讓學生學到「方法」呢？

應該是方式二，對吧！

但，實際教學可能無法像方式二那麼順暢。還記得前面提過「課程活動：無三不成禮」嗎？所以，不要急，等學生穩定一點，再繼續下一個。三年級，如果每課實施，應該半個學期可以熟練，但不代表每次都能十分準確找出語詞意思喔！

在學生熟練的過程中，把握機會引導是很重要的，以下舉個例子來說明。

令人啼笑皆非的「面熟」

某屆的三年級新班，我照例將前幾課的重點放在「理解監控」，希望先培養學生解決語詞問題的能力。

第一課，如同前述〈爸爸的相簿〉一樣，先引導學生覺察自己的理解，一樣鼓勵提出疑問的學生。到了第二課，學生果然提出許多問題，其中一個是「面熟」。

小山羊的樣子看起來很面熟，他笑著對小熊說：「我想趁年輕出去走走、多學習，不然等老了以後就走不動了。」

（翰林三上第二課〈神奇鐘錶店〉）

詢問學生的想法後，知道的人紛紛舉手，我在黑板上畫了表格，一邊問，一邊將答案寫上。

語詞	方法	意思	檢查
面熟	拆	臉熟悉	V
	拆	臉熟了	X
	上下	好像見過面	V

眼尖的您，應該已經發現「啼笑皆非」的笑點了吧！其實，當學生脫口而出「臉熟了」，全班就笑開了，他自己也發現不對了。

這個例子的珍貴之處，當然不在於製造上課的歡樂氣氛啦！而是，它讓學生更具體的知道，運用方法解決問題可能會遇到的狀況：

狀況一：方法一樣（拆詞），得到的答案可能不同。

狀況二：方法不同（拆詞、上下文），得到的答案可能相近。

要如何判斷哪個答案合理呢？「放回句中檢查」就是關鍵步驟，但偏偏常被漏掉。所以，如果教學時遇到類似的例子，千萬要好好把握。因為，一次真實的經驗（尤其是有「笑點的」），比老師提醒十遍更有用呢！

（3）上下文，因為連到圖中的哪個方向呢？
重從許多線索中找出合理的解釋，其實就是判斷地圖中的哪個方向呢？

小花鼠教學筆記

★要怎麼開始

一、從教師示範開始，將責任慢慢轉給學生。

二、先引導學生覺察自己的理解，再教方法。

三、一次教一種方法，熟悉之後再加另一種。

★小提醒

一、流程圖是輔助，一段時間後記得要撤鷹架。

二、放回檢查十分重要，若未解決就要換方法。

三、解決方法不只唯一，要適時比對加深印象。

★適用文本

以「理解監控」解決語詞問題，不僅可用於語文課，其他領域若需要閱讀文本皆適用。

小花鼠內心小劇場

　　因為教師是「優讀者」，許多思考、推論已經自動化，所以未能覺察到那其實是縝密的步驟所串連。記得第一次聽到這種說法時，我只覺得自己很「憂」，對自己無法將思考細分而「憂」……

　　慢慢的，從學生的回饋中，更知道他們的想法，也更了解教學上該如何調整。在引導學生「自我監控」的同時，我也學著監控自己的教學、監控自己的思維。

　　「教學相長」這句話果然沒錯，在接觸閱讀之後，我更知道自己是怎麼教學、怎麼閱讀的。

故事文本，建立基模

從自編教材到現行教材的交互運用

故事都是這樣寫的

一踏入閱讀的領域，最先接觸的就是「預測策略」。那陣子，孩子「猜（預測）」得很開心，課堂上歡樂的氣氛也讓我覺得自己上得挺不錯。直到那兩個兄弟出現……

那時，我們用〈兩兄弟〉這篇文本練習預測角色的行動，而且要言之有據。記得在課堂上討論時，有個孩子很篤定的回答：哥哥不會照石頭上的話進去森林找幸福，因為故事都是這樣寫的啊！弟弟要去，哥哥就不會去；如果弟弟不去，哥哥就會去……

然後，其他人一聽，紛紛起而附和：對啊，故事都嘛這樣……

當下，我誇獎了孩子一番，就繼續之後的課程。

「故事都是這樣寫的」，嗯，好像真是這麼回事。但偏偏我又說不清楚——這樣到底是哪樣啊？

原來，故事真的有規則

「故事都是這樣寫的」就是所謂的「故事基模」。想一想，我們讀過的故事都有一些共同的元素，例如會有角色、因為某件事引發了故事、角色會遇到問題、採取一些行動……，另外，故事的寓意（主旨），還有作者的寫法等，都是值得探討的。

於是，緊接而來的就是一連串的問題。

問題一：老師知道了，學生是否需要知道？

問題二：學生知道了，對閱讀有什麼幫助？

問題三：如果有幫助，教學應該怎麼引導？

這些疑問在之後參與教材研發時得到了解答。原來，只要老師引導得當，學生就能從中學到閱讀故事的方法，幫助自己更有效的理解故事內容，進而賞析作者的創作特色，甚至，模仿作者寫作喔！

神祕數字「3」

「3」是個有趣的數字，許多成語都有「三」，例如，三人成虎、舉一反三、三思而行等。故事中主角的行動或遭遇，也常常有「三」，如孟母三遷、孫悟空三打白骨精、放羊的孩子說了三次謊⋯⋯

這些「三」都有「多」的意思。

在教學上，我們希望學生穩定能力，也要提供多次經驗，猜猜看，至少要幾次呢？當然就是「三」次囉！

因此，當欣希教授帶領團隊研發教材，也是以此為概念。以故事文本為例，各年段的教材都有三課，目的有二：

一、藉由多次經驗穩定學生的能力，而且每次經驗要類似才能發揮最大效益；

二、教師示範、生生互動到學生獨自學習，以三課呈現漸進釋放責任的模式。

沒想到「3」竟有如此妙用，所以，不但要說三次，而且還要教三次，才能凸顯它的重要、呈現效果喔！

課程規劃：（1+1）×3

身為研發團隊的一份子，自然希望能在自己班上執行教材。但，現行教材的進度該怎麼辦？

當時的規劃是（1+1）×3，亦即「一篇自編教材＋一篇延伸教材（課文）」×3，另外還有一課統整。

學校上課用自編教材，回家讓學生用篇幅較短、內容較簡單的課文練習，可藉此檢視成效，評估是否撤鷹架。附帶的優點是，同時解決了回家作業的問題。因為，我這個老師是無法接受學生那麼多天沒有國語作業的呀！

至於延伸教材如何挑選？一樣請大家先思考再看後面的參考答案。

教材〴課次	教學教材《聽說讀寫，有策略！》中年級	延伸教材 翰林三下國語
第一課	水柳村的抱抱樹	猴子的數學
第二課	帥啊！波麗士	笨鵝阿皮
第三課	古屋夏日謎團	曹沖秤象
統整		

自己的教材自己賺

當一切準備就緒，還有個問題需要克服——購買教材的費用何處尋？

正好那個學期就有園遊會，所以，我跟學生說，我們得努力賺錢才能買書上課呀！一方面對於「第一次當老闆」的期待，另一方面有「業績」壓力，那陣子，全班目標一致、卯足了勁向「錢」看齊，聯絡簿的日記滿滿都是生意經。還有人擔心錢賺得不夠，想將新買的玩具拿來賣，果然是天龍國的傻孩子啊！[1]

那次的營業額也不負眾望，再次創新高！整個操場就是本班排隊的人潮最多，至於到底賺了多少……嗯，不可說、不可說，免得國稅局來查帳啦！

所以，當教材終於送來的那一刻，學生的眼睛都是亮的。在介紹教材特色之後，就正式進入（1+1）×3的精實課程了。

---

1 後來我跟教務處提及此事，主任二話不說答應支援，真是感謝。所以，我們園遊會打拚的盈餘，就留作支付下一批教材（說明文）的費用囉！

故事開鑼

別急別急！

雖然上課時間寶貴，但認識教材這個步驟可不能省。強烈建議先帶學生了解教材特色，因為，內容大有玄機。

其一，讀本的第一課「重複」了。以「小貓頭鷹的思考紀錄」示範如何一邊閱讀一邊做記號，最後面還有學習工具可參考。

其二，三篇學習筆記像「三胞胎」。為了要讓學生掌握基模，所以每一課長的「樣子」都很像，萬一忘記，往前找就是了。

至於詳細內容，就請參考教材囉！

圖說故事教材的編選原則：

因為插圖都是故事的重要文本，所以可以從第一個在故事裡出現並重複接近的人物讀起；其實大，則是故事就難以閱讀。如此，每年閱讀的量度就就接近數籤。

卡關之處向上跳躍

在此之前的一個學期，班上已經用「親近它」、「理解它」的步驟上課。所以，這兩部分會當成「預習作業」，再透過課前批閱，評估教學是否需調整。

第一課〈水柳村的抱抱樹〉，學生在「親近它」到「解疑惑」的狀況還不錯，不到兩節就上到「讀圖文，理文意」的前半段（故事基模）。接下來的情緒轉折、角色特質、主旨到「察特色」，幾乎都是選擇、連連看；原以為可以快速通關，結果卻處處卡關，上到一半，火氣還一度冒上來，趕緊提醒自己深呼吸……

閱讀三階段

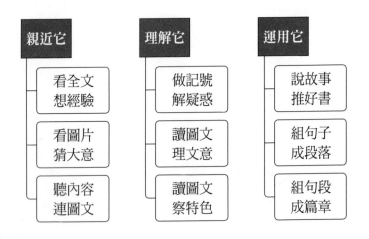

卡在哪裡？就是我要求學生回文本找線索的時候！

平時上課，我已將所有資料放在一張A3，左邊是課文，右邊是提問，免得還要「翻來覆去」。當篇幅加長，課文平均400字、兩個跨頁，《聽說讀寫，有策略！》一個跨頁就超過400字，每篇至少6個跨頁；學生就得像「尋寶」似的找線索，加上歸納、詮釋，過程更加費力。

課文	提問

自認平時已經在耕耘的我，面對這樣的狀況難免會有挫折感，轉念一想，因為任務有難度，正好凸顯「方法」的重要性，而且，生活上會接觸的「真實性文本」就是這樣啊！

適當的挑戰＋有效的引導＋足夠的經驗，學生就可以逐步提升能力。經驗來自哪裡？教材只有三篇呢！

別忘了前面提到的（1+1）×3，抽換的課文就是再次練習的機會囉！

事實證明，之後的確漸入佳境，尤其到了四年級，我更真實的看到學生透過故事基模展現的自學力。這時，就是進入另一類文本（說明文）的時候了。

理解課文自己來

前述提到，抽換的課文當成作業，要考量的是：作業的形式與分量如何安排？需要教學嗎？需要多少時間？

為了讓學生有相似經驗，作業的設計以「親近它」、「理解它」的步驟來規劃，包括提問也是直接套用故事基模。所以，連老師的備課也是「有跡可尋」呢！

從「親近它」到「理解它」的設計如後「3下預習單」，原則上安排在週末，「說故事，推好書」是該課最後的作業，可讓學生從多篇文本中選擇要推薦哪一篇，不一定要每篇執行。至於寫作則在課堂用自編教材完成，再加上課文例行的字詞書寫2天（不寫習作），以及預習《聽說讀寫，有策略！》的內容，大約就是一週的作業量。

因為是當天教學後，讓學生以同樣的方式完成預習，再加上課文的訊息少、內容較單純，所以作業的完成度頗高。批閱後，只需要一節課確認即可。

整體而言，加上三篇教材、一篇統整，時間安排一定會稍微吃緊，但仍在師生可負荷的範圍內。

【親近它】完成後請自評，填入TS、SS、S。

（　）看全文，想經驗：我想到了_____

（　）看圖片，猜大意

（　）聽內容，連圖文

> 我會一邊**朗讀**課文一邊連圖片和文字，再說大意給家人聽_____（**唸出聲音**）

【理解它】做記號，解疑惑

　　古時候，有一個喜歡和猴子做朋友的人。他看得懂猴子的表情，更有趣的是，猴子居然也聽得懂他的話。因為這樣，大家叫他「猴爺」，漸漸的，他的本名就沒有人知道了。

　　猴爺家養了一大群猴子，每天都要吃掉很多食物，猴爺要家人節衣縮食，省下錢來飼養猴子。他雖然很有愛心，但是花費太高，過了一陣子，還是養不起，只好去跟猴子商量。

　　猴爺說：「各位，真的很抱歉，我現在變窮了，不能再讓你們大吃大喝。這樣吧，我早上給你們三桶果子，晚上給四桶，大家看這樣好不好呢？」

　　猴子聽了都很憤怒，一隻隻跳起來亂抓亂叫。猴爺一看情況不妙，想了一想，就說：「好吧，好吧，我多加一點點，早飯送四桶，晚飯送三桶，這樣可以嗎？」

　　猴子聽到早飯從三桶增加成四桶，都十分滿意，慢慢的就不再胡鬧。猴爺摸摸鼻子，輕手輕腳的走開了。

【理解它】讀圖文，理文意

1.故事中的角色是有關係的，請找出來。

　猴爺&猴子：（_____&_____）

2.哪件事引發了這個故事？_____

3.角色們要解決的問題是什麼？

　猴爺要解決的問題是：_____

猴子要解決的問題是：＿＿＿＿＿＿＿＿＿＿＿＿＿＿＿＿＿＿

4.為了解決問題，角色們依序採取了哪些行動？

猴爺採取的行動是：＿＿＿＿＿＿＿＿＿＿＿＿＿＿＿＿＿＿

猴子採取的行動是：＿＿＿＿＿＿＿＿＿＿＿＿＿＿＿＿＿＿

5.故事最後的結果是什麼？＿＿＿＿＿＿＿＿＿＿＿＿＿＿＿＿

6.從開始到最後，角色們的心情有何轉變？轉變的原因是什麼？

猴爺：＿＿＿＿＿＿＿＿＿＿＿＿＿＿＿＿＿＿＿＿＿＿＿＿＿

猴子：＿＿＿＿＿＿＿＿＿＿＿＿＿＿＿＿＿＿＿＿＿＿＿＿＿

7.角色們具有什麼樣的個性？請從角色說的話、做的事找出證據。

我選的角色是：猴爺、猴子

個性：＿＿＿＿＿＿＿＿＿＿＿＿＿＿＿＿＿＿＿＿＿＿＿＿＿

證據：＿＿＿＿＿＿＿＿＿＿＿＿＿＿＿＿＿＿＿＿＿＿＿＿＿

8.請根據不同角色的立場，說說這個故事要告訴我們什麼道理？

我選的角色是：猴爺、猴子

這個故事要告訴我們：＿＿＿＿＿＿＿＿＿＿＿＿＿＿＿＿＿

9.想一想，哪些問題問出了「角色、原因、經過、結果」，讓我們了解
故事大意。填入題號。

角色（　　）　原因（　　）　經過（　　）　結果（　　）

【理解它】讀圖文，察特色

1.作者對角色的命名有其用意，猜猜其用意是什麼？

作者以「猴爺」為角色命名的用意是：＿＿＿＿＿＿＿＿＿＿＿

2.作者在文中運用了大量的對話，這樣的方式有何用意？

＿＿＿＿＿＿＿＿＿＿＿＿＿＿＿＿＿＿＿＿＿＿＿＿＿＿＿＿

＿＿＿＿＿＿＿＿＿＿＿＿＿＿＿＿＿＿＿＿＿＿＿＿＿＿＿＿

＿＿＿＿＿＿＿＿＿＿＿＿＿＿＿＿＿＿＿＿＿＿＿＿＿＿＿＿

小花鼠教學筆記

★要怎麼開始

如果使用《聽說讀寫，有策略！》，只要按照書上的引導語，一步步帶領學生學習即可。

如果使用現行教材，仍可參考《聽說讀寫，有策略！》的步驟，挑選故事文本，調整課次，連續上課。

★小提醒

《聽說讀寫，有策略！》雖以三篇文本呈現漸進釋放責任的歷程，但仍要根據學生的狀況調整速度。

修正也是重要的學習，提醒學生用不同顏色的筆呈現歷程，更能覺察自己的成長。

★適用文本

南一三上　閱讀列車〈擁抱〉

康軒三下　第十四課〈神筆馬良〉

康軒四上　第十二課〈兩兄弟〉

翰林四下　第十課〈最後一片葉子〉

南一五上　第十課〈耶誕禮物〉

康軒五上　第三課〈智救養馬人〉

南一六上　閱讀列車一〈黃蓉智退霍都〉

翰林六下　第一課〈不可以翻魚〉

小花鼠內心小劇場

現在遇到故事文本，我都會告訴學生，可以根據故事基模問自己一些問題，就能知道故事重點；如果想要知道作者是怎麼寫的，只要留意哪些部分就能了解；如果想和別人分享有趣的故事，應該從哪些方面著手；還有，如果想讓自己像作者一樣寫作，也是有方法的。

從小就看故事，但我現在才知道「原來故事是這樣寫的」；教書超過20年，現在才知道怎麼教學生閱讀故事。

故事，常常用「很久很久以前」作為開始，我的疑問，也起自「很久很久以前」（將近10年前），然後，花了「很久很久」的時間才終於找到答案呢！

運用所學，完整表達

透過口語、文字，呈現重點與方法

如何言之有物、下筆成文？

「聽說讀寫」是語文領域的重要能力，但無論是求學或擔任教職，所獲得的訊息都是「讀寫」居多，如何「聽」如何「說」的方法卻是少之又少。

只是，每當寫教案，常免不了要寫上對應的指標，寫得順手，心理卻不踏實。因為，我大概知道該怎麼教「讀寫」，知道如何引導學生理解文本、賞析特色，進而寫作。

至於「聽說」……

是不是有聽到、專心聽就好？不確定。

是不是會說話、敢發表就好？好像怪怪。

一肚子的疑問，因為，我很少「聽說」怎麼教「聽說」。

說故事、寫故事，學方法、教方法

在「確認目標，整體規劃」中提到，聽說讀寫分屬理解、表達兩個向度，理解是輸入，表達是輸

表達 理解	說	寫
聽	1	2
讀	3	4

出。當學生透過故事基模掌握文本重點後，就要引導他們透過表達呈現理解。

表達的方式包括說和寫，教學上較常使用的是文字（寫）；但，日常生活卻是口語（說）的頻率較高。口語表達不只是生活中的對話，而是要說出一段結構完整、語意通順、讓人容易理解的內容。但，受限於教學時間，這部分的訓練常被忽略。

因此，學以致用應以文字書寫、口語表達並重，可分兩個層次：一是針對該篇文本、二是根據學到的方法。

針對該篇文本，就是「運用它」的三個步驟：

說故事，推好書→組句子，成段落→組段落，成篇章

至於學到的方法，則是能力內化的展現，以下舉例分述之。

說話，也是要教的

說話，這麼簡單的事情還需要教？是的，並非人人天生就有一副好口才，也不是人人一開口就言之有物。要說的好聽、有內容，可不是一件容易的事！

「身教重於言教」這句話，用在口語表達的教學真是再貼切不過了。三番五次的提醒原則，不如老師一次具體的示範。

朗讀流暢性有三個參考指標：讀音正確、斷詞適當、讀出情感。

中低年級的課本都有注音，高年級的生難語詞也有標示，所以讀音正確不是太大的問題。斷詞則可看出學生對語詞、句子是否有基本的理解。至於讀出情感就有點抽象了，在理解文本後，這部分的表現會更深入。此外，可提醒學生朗讀的速度稍微快一點，免得時間拉長，唸完都累了，也忘了前面的內容。

要如何具體示範？老師可透過兩種唸法，而且要有明顯差異，讓學生分辨哪一種比較適合再朗讀。這招是跟欣希教授學的，好用喔！

知道怎麼朗讀後，第二個目標是言之有物，例如「運用它」的第一個步驟——說故事，推好書。

　　重述故事的指標依序是：

　　態度大方、語音清楚、重點完整

　　上述指標的順序是有用意的，對於較害羞的學生，建議先從態度、語音著手，最後的指標，還是回到以故事基模擷取重點。

　　中低年級，建議老師先分別說明並示範；若是高年級，可試著讓他們討論應該要注意什麼，再對照指標。

　　一開始練習可提供下述圖表，接著只呈現角色、原因、經過、結果這幾個詞，當學生能力穩定，就撤掉所有鷹架。

角色　這個故事的主角是誰？

原因　角色要解決的問題或要達到的目標是什麼？

經過　為了解決或達到目標，角色依序採取了哪些行動？結果如何？

結果　故事最後的結果如何？

說故事時間

「說故事，推好書」包括兩部分，前者是指重述故事重點，而非逐字朗讀；後者加入自己的看法，並輔以文本內容才能達到「具體」的要求。

此步驟的目的有二：

一、重新整理文本重點，是說重點而非朗讀喔！

二、透過推薦與否，表達看法，同時呈現理解。

要說，總要有對象；要培養能力，更需要具體方向。在學校沒有足夠時間，家人就是最好的聽眾；至於具體方向，就如同前述指標：態度大方、語音清楚、重點完整。

重述之後的推薦更能看出學生的理解。這部分應以具體表達為目標，無論推薦與否，都要舉出文本中的例子作為佐證。如果學生寫的理由不夠具體，建議請他們用不同顏色的筆修正，這樣的方式不單可記錄學習歷程，還藉由視覺線索自我提醒。

以下列舉幾個三年級學生的作品為例，*斜體字*代表之後的修正。

我**推薦**／不推薦　這本書，因為可以讓大家知道要互助合作，天天都要抱著快樂的心去做每一件事。

　　爸爸給我的話：熊貓受歡迎的原因可以多些敘述，國寶級、有黑眼圈等等，文章背後的意義可以多說說自我的想法。

　　　　　　　　　　　　　　　　　　　　　　（秦愷澤）

我**推薦**／不推薦　這本書，因為它裡面的貓熊原本被紅目猴和白睛虎嫉妒，可是後來就變成好朋友了，我喜歡這樣的故事發展。<u>而且它讓我覺得有互助合作的精神。</u>

　　媽媽給我的話：這個故事的涵意深遠，也很有趣。

　　　　　　　　　　　　　　　　　　　　　　（蔡昀蓁）

我推薦／**不推薦**　這本書，因為白睛虎和紅目猴的嫉妒心太重。<u>對小朋友不是一種好的學習，像：「都是這胖傢伙害的，要是他不來，我們怎會落到這種地步呢？」</u>

　　媽媽給我的話：述說故事的時候，「因為」、「所以」等連接詞可以減少使用頻率，聽起來會更順暢。（強睿恩）

故事接寫：邁向創作之路

在「運用它」這個階段，學生要透過閱讀所得來寫作；「得」，是來自於對文本的理解，以及對創作特色的覺察。

例如，第一課的主角（紅目猴、白睛虎）因為失寵而嫉妒他人（貓熊），想找他麻煩，後來轉而運用本身的專長幫助對方，同時也讓自己再度受到矚目。

為了完成故事接寫，我帶著學生從文本對角色外觀、動作的描寫，加上對猴子、老虎的既有知識，蒐集基本的寫作資料。接著，根據主旨、角色安排構思後續發展，以免寫成另一個故事——這是故事接寫常出現的狀況。另外，對話是本文創作特色之一，也提醒學生加入這個形式。

一節課的時間，包含引導和接寫，大約三分之二的學生可在時間內完成。教材的引導及學生作品如下：

故事中，紅目猴與白睛虎精采賣力的甩、跳、叫之後，果然，原本要參觀貓熊的人群被吸引開來。拿著麻醉槍，提了醫藥箱的保育人員說：「這兩個寶貝到底是什麼毛病，現在不都好好的嗎？」說完，保育人員一前一後的走了。這時……

學生作品一：加入小獅子，讓情節更豐富

　　這時，紅目猴和白睛虎停止動作。到晚上，保育人員突然又帶了一隻可愛嬌小的小獅子來到貓熊旁邊，紅目猴和白睛虎說：「這隻小獅子你要好好照顧他，因為他跟你一樣，年紀小，不熟悉這裡」一說完，紅目猴和白睛虎就睡了。

　　隔天白睛虎跟小獅子說：「我來教你跳山溝和吼叫。」小獅很努力的學，但是一直像貓一樣「喵喵」叫。最後小獅子學了，遊客也來了，小獅和白睛虎一起叫，紅目猴和貓熊也開始表演了。　　（王家鼎）

學生作品二：加入石虎並模仿文本的情節寫作

　　這時，又有一隻新的動物──石虎，搬進動物園。他住在貓熊的上面，於是人群跑到石虎的柵欄。電視臺的記者說：「大家快來看呀！這隻可愛的小傢伙身上的紋路多好看呀！」

　　隔著一面牆的貓熊說話了：「你好嗎？」石虎卻說：「你這個有黑眼圈的動物，我才不想理你呢！」

　　這一天晚上，紅目猴和白睛虎看見貓熊不開心的樣子就問：「你還好嗎？怎麼啦？」貓熊把早上經過的事都說出來，紅目猴說：「讓我來問問他吧！」

　　紅目猴爬到石虎的柵欄旁，對他說：「你早上說的話傷到貓熊了。」

　　石虎聽了就走到貓熊的柵欄旁，說：「對不起，我不知道我說的話會傷到你，我們當好朋友吧！」從這天起，他們就成了最好的朋友。

　　　　　　　　　　　　　　　　　　　　　　　　　　（林宣伶）

不但要學，還要學以致用

學以致用的第二個是，運用學到的方法。以解決語詞問題為例，「理解它」中的「解疑惑」提到許多方法，最後都要「放回句中檢視」才能確認。若轉化成「運用」，可透過句子、短文來呈現。

本班的作業之一，就是讓學生介紹一個字或一組字。一開始的內容可能不會太多，但經過觀摩之後，就會越來越豐富。

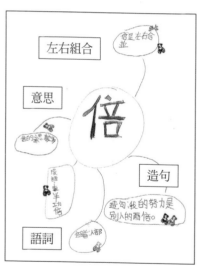

（李芳懿）

（呂芷瓔）

除了書面作品，還有口語表達。學生化身為小老師，透過錄影公布讓作品更豐富、更吸引人的祕訣。（請參考「小花的教學筆記」部落格）

無論是「文字＋方法」或是「口語＋方法」，都是學生運用所學的呈現！

將語詞組成短文

9. 祖父－北宗耀祖，古人寒窗苦讀十年只為了一舉得名，光宗耀祖。

山勢險峻、
登山家

青山綠水的山林，只要一到了冬天，就變成一片白白的世界，讓登山家感到非常苦惱，但他看微雪凌過的梅花整人又選擇堅貞不屈的努力向前。到了山頂，他拿出自己的食物吃了口，他卻只見老王在某言不語，但登山消息傳開後，老王卻覺得自己能夠一直吹牛而感到非常慚愧，所以後家的黃昏後，登山家也回到村莊，東老王便山斯露鋒芒，讓大家看見他的真實力。之後有一天老王和登山家一起回條出去玩時，他們在海邊兩人軍事一起玩的很開心。日新月異，兩人也變成非常好的朋友。有一天老王要去國外生活，他上飛機前，和登山家說了一句話：「有緣在相會，無緣對不相逢」說完後就去登機了。老王在國外時，認識了一位新朋友，他每次都先斯後奏，讓老王很生氣。過了幾年老王回到了家鄉，和登山家見面後大家都十分高興。

（陳語荷）

小花鼠教學筆記

★要怎麼開始

教師先示範口語表達方式，再讓學生模仿。

引導學生覺察創作特色，再模仿作者寫作。

製造機會讓學生運用口語文字，呈現所學。

★小提醒

口語表達由教師示範，而非播放CD。

故事接寫或擴寫，都要根據文本延伸。

學生觀摩互評，彼此激勵，效果顯著。

★適用情況

口語和文字表達，是與人溝通的主要方式，學會這些方法，就可運用在日常生活與學習中。

小花鼠內心小劇場

經過一兩年的訓練，孩子已經知道如何運用故事基模掌握重點；若要「推好書」，也多能具體的表達想法，這是「讀寫」能力的展現。

至於「聽說」，看起來人人都會，但要言之有物、落落大方可不容易。現在我的課堂，孩子已習慣和小組分享看法；若對象是全班，就會自動站起來，用適當的音量讓每個人聽到自己的想法。

「聽說讀寫」都是有策略的，已經知道「讀寫」，也終於解決了「說」，那麼「聽」，該怎麼辦呢？

難道還是……聽到就好？

聆聽內容・記錄重點

適用學習與生活，高 CP 值能力

亞斯貓喵喵小花鼠

這天，亞斯貓提到：為何你在課堂上要一直重複提醒、說明？

傻呼呼的小花鼠渾然不覺這又是一個「坑」：因為小孩常常不專心、沒在聽啊！

果然，那隻貓又斜睨著眼說：那你要思考的是，該如何讓小孩專心聽、聽到重點啊！要不然，講再多次也沒用……

被「喵」完的小花鼠只能無辜的擠出這句話：「喔！讓小孩專心聽，我想想……」

其實，小花鼠心裡的OS是：還「重點」咧，有聽到就不錯了！

不過，「聽到重點」，這要怎麼教啊？

時光荏苒，經過了500個日子……

2017年夏末，開學後的第二週……

耳到、手到，心就到

　　上方照片是某次開學後，學生聽演講時拍下的。當我一踏進活動中心看到這樣的情景，不禁挺直了腰桿「搖」進會場！經過了兩個月的暑假，學生仍會主動帶著筆記去聽演講，真是令人欣慰。

那天的主題是「反毒宣導」，我好奇的是，這樣硬邦邦的議題，包含很多陌生的詞彙，學生能聽懂多少？會記下什麼樣的內容？

看看學生的筆記，講者應該會覺得找到「知音」了吧！

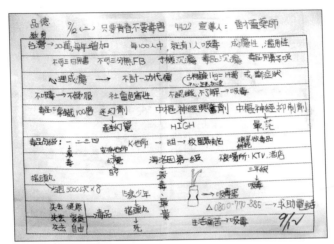

（蔡心盈）

預備～起！

要怎麼開始？

「聆聽內容，記錄重點」，讓人很直覺的想起老師在臺上滔滔不絕的講述，學生在底下振筆疾書的情境。學生的挑戰是：要如何「聽到重點，快速記錄」，而不是寫逐字稿的「講光抄」？教師的挑戰則是：要如何在緊湊的教學進度中，再加入「聆聽內容，記錄重點」的引導？

這時，我又想起拿鐵咖啡的譬喻了。試想：我們在喝拿鐵時，能分辨口中的飲品，哪些是咖啡？哪些是牛奶嗎？有困難吧！因為，二者已融合為一了。當然，也不會是一口咖啡、一口牛奶的品嚐方法，是吧！

同樣的，「教方法」也應該融入在例行的教學中，而非外加。那麼，「聆聽內容，記錄重點」要如何融入呢？我是這樣規劃的：

教學原則：明示方法，生活運用

記錄所學＋生活點滴＋聆聽演講	記錄所學＋生活點滴＋聆聽演講
文字＋符號	文字＋符號＋圖表
故事文本	說明文本
2016.09　　　2017.02	2017.09　　　2018.02

你一邊，我一邊

若要落實「拿鐵」精神，不外加課程，就要在例行進度中「教方法」。中年級的教材以故事或敘事類的文本居多，因此，我的教學順序是先教故事文本的筆記方法，其次才是說明文本。

要「記錄重點」得先辨別重點何在，只要根據文本特性分類，就可以排出先後順序；接著選擇適當的方法，就可以開始做筆記囉！

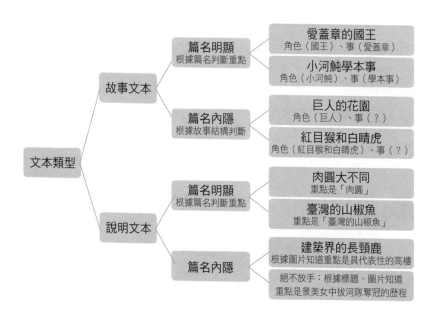

不再「左耳進，右耳出」

如果不重述，「聲音」就只存在於發生的那一瞬間，所以，「左耳進，右耳出」這句話似乎也不無道理呢！

如果記憶不足以負荷，寫逐字稿也來不及，該怎麼辦呢？腦海中就要有前述的地圖，快速判斷：是故事，還是說明？再根據「文本特性」掌握重點。此外，也可留意說話者的語調和手勢。

不只是「講光抄」

除了文字，孩子還要學會運用符號或圖表來記錄，二者有難易之分，符號相對容易，而且圖表在說明文本的使用較多，因此方法的排序是先符號，再圖表。

> 1. 文字＋符號（箭頭、數字……）
> 2. 文字＋圖表（圖像、表格）

隨時隨地做筆記

當孩子開始有做筆記的經驗後，就要營造可以累積經驗的機會。無論是學習中或課後記錄所學，或是記錄生活點滴或是聆聽演講等，都是「運用所學」的好時機。

接下來，看看教學歷程吧！

一路走來

根據規劃，步步引導

三上期末考　　　　三下期中考　　　　三下期末考
〈老奶奶念經〉　　〈四個傻瓜〉　　　〈貓和狗〉

→

三年級

一開始多以文字為主，有幾種類型
A. 文字，重點不完整
B. 文字，重點完整、成段敘述
C. 文字，重點完整、精簡
D. 文字＋符號，重點完整、精簡

1. 教師說明符號的功用
　（1）精簡文字：用一個字或符號（如☆）代表主角或主題
　（2）代表因果：箭頭
　（3）代表順序：數字或箭頭
2. 透過故事基模的教學，讓學生多次練習

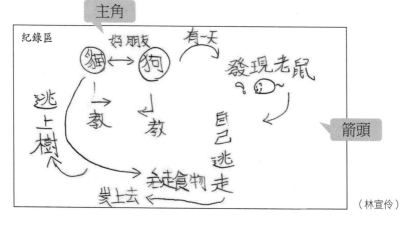

（林宣伶）

經過引導，三下時學生已能利用符號表示主角與事件順序。

四年級

1.遇到說明文本，可以利用表格整理訊息。

（1）擷取重點：用精簡語詞表示

（2）整理重點：刪掉重複、歸納上位

（3）形成表格：排列資料，加上線條

2.製造機會讓學生累積經驗：例如以表格整理自己的美

食筆記。

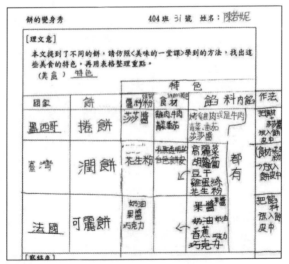

（陳若妮）

　　第二次，學生可歸類明確的訊息，引導後再修正訊息分

類與命名。

評估成效，形式多元

　　到了期末，總要用客觀的方式評量孩子所學。秉持「教什麼、考什麼」的理念，三年級以故事為主，四上期末選擇了一篇說明文，先介紹肉圓的起源，再描寫臺灣各地的肉圓。從下列作品可看出，學生以不同形式呈現〈肉圓大不同〉的內容。

以結構圖的方式整理訊息

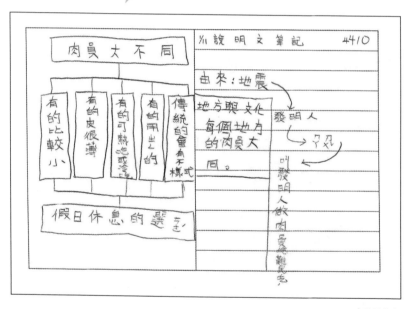

（吳昱德）

三下、四上兩次期末的聽寫評量統計如下圖。說明文因

為訊息量大，學生整體的表
現較故事體弱，這是接下來
還可以繼續努力的方向。

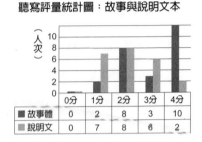

聽寫評量統計圖：故事與說明文本

（人次）	0分	1分	2分	3分	4分
■ 故事體	0	2	8	3	10
■ 說明文	0	7	8	6	2

學做筆記，留下記憶

「聆聽內容，記錄重點」的適用性極廣，除了前述聽演

講的例子之外，在日常的學習或生活都有許多機會可用到。

學生會將筆記寫在聯絡簿上，每每批閱到有趣的內容，總會

發出會心的一笑！這些紀錄也為孩子的成長留下珍貴的記憶

呢！

（黃靖淇）

小花鼠教學筆記

★要怎麼開始

一、先處理某一類文本，熟悉之後再換另一類。

二、從符號開始練習做筆記，其次是表格整理。

三、讓孩子在學習、生活上多練習以累積經驗。

★小提醒

「做筆記」的目的是「學習做筆記的方法」，如果想要訓練學生較深入整理文本重點，比較適合的時間應該是討論完該課之後喔！

★適用文本

一、故事文本

翰林三下第13課〈曹沖秤大象〉

康軒四上第12課〈兩兄弟〉

南一五上第12課〈耶誕禮物〉

二、說明文本

南一三下 閱讀列車一〈創意大師〉

康軒四上第10課〈建築界的長頸鹿〉

翰林五上 閱讀一〈不一樣的房子〉

小花鼠內心小劇場

　　當小孩逐步呈現成效後，小花鼠終於可以在亞斯貓面前揚眉吐氣了。

　　當初被「喵」，就是因為「沒有方法」。現在我知道，可以搭配現行教材教學生如何「聆聽內容，記錄重點；也知道要根據文本特性引導做筆記的方法；還有，要製造機會讓學生多多練習。

　　目前，小孩已知道該怎麼做，接下來要努力的是──讓能力內化，讓學生在未經提醒下，能自行判斷文本類型、選擇有效的記錄方式，如此，才能讓做筆記的能力發揮最高的CP值！

　　如此，小花鼠應該可以避免再次被「喵」的窘境！

環境氛圍

　　環境氛圍的營造，只需要一點巧思，透過好書推薦，讓學生養成閱讀習慣並理解、表達；運用鼓勵機制引發學生動機；透過好文共讀與家長溝通想法；甚至，可試試邀請家長入班觀課，實際傳達理念……

　　當學生習慣學習模式、家長理解老師用心，任何「調整」距離水到渠成應該就不遠了！

好書推薦，言之有物

在習慣閱讀中培養理解表達能力

一看書，就要來一張學習單？

發下班級共讀書，每個小孩迫不及待的翻開閱讀，但，如果隨之而來的是一張學習單呢？我彷彿可聽到孩子心底的嘆息……

曾經有類似的說法，在校園附近隨便撿到一張紙，翻開一看，就是學習單。嗯，學習單還真是顧人怨哪！

設計一份品質不錯的學習單，需要時間，批改也需要時間，檢討還是要時間。偏偏，我們缺的就是時間。

不過，既然要閱讀，就要有效果啊！「過目即忘」不是太可惜了嗎？

我這個無趣的老師，這次該去哪裡找答案呢？

可當成教室布置的「好書推薦」

看到這個標題有沒有一些心動呢？

只要準備一張海報、一些便利貼（兩個顏色，區分男女），完成後就是教室布置囉！

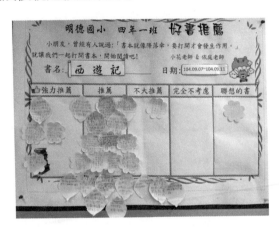

如何提升推薦品質，可參考下列步驟。先分成具體、不具體兩類，再慢慢區分內容、形式，最後希望能兼顧二者。一開始建議由教師示範如何分類，之後再慢慢轉移給學生。還有，透過不同顏色的便利貼，也可快速看出男女生的差異。最後將每個人的便利貼彙整起來，就可看到個別學生的進步了。

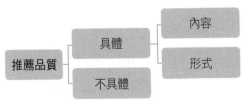

從課文開始

　　「好書推薦」是個概念，目的是讓學生練習表達自己的理解，所以，從課文開始是個不錯的選擇。

　　3上期中考後，就開始讓學生練習推薦，但暫未納入「聯想的書」。另，因為〈大自然的雕刻家〉、〈不一樣的年俗〉都是說明文，所以上完這兩課，再接10〈月世界〉、11〈看海豚跳舞〉、13〈秋千上的婚禮〉。

3上　好書推薦統計圖

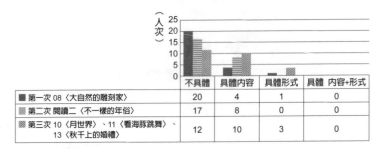

	不具體	具體內容	具體形式	具體 內容+形式
■ 第一次 08〈大自然的雕刻家〉	20	4	1	0
▤ 第二次 閱讀二〈不一樣的年俗〉	17	8	0	0
▨ 第三次 10〈月世界〉、11〈看海豚跳舞〉、13〈秋千上的婚禮〉	12	10	3	0

　　上圖透露了一些訊息：

　　第一，隨著經驗的累積，推薦的內容越來越具體。

　　第二，學生對內容的覺察明顯優於形式，可能是對內容的感受比較直覺，亦可能是教學者較忽略形式的引導。

　　我好奇的比對了上屆的四年級，到第三次推薦只剩3人不夠具體，這也說明年級愈高，的確學習力愈強。嗯，沒錯，只要持續，學生的進步曲線就會一直往上喔！

課外閱讀類型多

若享用課外文本進行，建議先以共讀一本書開始。學生三年級時，我就是用這樣的方式，有共同的內容較方便討論。

到了四年級，一方面配合說明文本的教學，一方面想豐富閱讀的廣度，我選擇了雜誌，原因是：

一、雜誌是真實性文本，喜歡的、不喜歡的，看得懂的、看不懂的，全在一本；

二、雜誌文本類型多元，故事、說明、漫畫，還有廣告，可看到更多創作形式；

三、選擇權與引導，從學生挑選的文本了解閱讀偏好，進而引導接觸其他文本。

我的規劃是跟著家長的文章旅行（詳見後續說明），一週輪一本，親子都有「作業」，很公平吧！

此外，當學生較熟練之後，也可以嘗試主題文本的閱讀，讓學生從兩本或三本中，選擇一本自己有興趣的。透過這樣的方式可以讓我們了解學生的閱讀偏好喔！

尋找「未來兒童」

許多雜誌都適合學生閱讀，例如曾多次獲得金鼎獎的《幼獅少年》，但校內館藏不足，最後選擇了館藏較豐富的《未來兒童》、《未來少年》。

無論對象是中或高年級，都建議先介紹雜誌再開始閱讀。步驟如下（步驟一、二大約10～15分鐘）：

一、看封面

找出雜誌名稱、該期主題、這本是第幾期？

封面上還有哪些文章呢？

二、看目次

目次有哪些內容？分幾部分（欄位）？

主題是哪一篇？翻開確認一下。

從封面挑另一篇文章，再到目次找頁數……

三、挑一篇文本，開始閱讀。

過程中，學生的反應讓我慶幸自己先做了這件事。因為，光是雜誌名稱、該期主題就有人分不清了，雜誌的目次也不像課本那麼「整齊」，大大小小、五顏六色的字體，對有些學生的確是需要「尋寶」一下呢！

「未來兒童」推好書

為了更確認學生的閱讀偏好，於是設計了這張推薦單，這也是決定先引導學生認識雜誌的重要原因。

期別	欄位名稱	強力推薦	推薦	不太推薦	不推薦	聯想
主題 篇名	□主題放大鏡 □精采探索 □趣味百寶箱 □特別報告 □好漫畫 □創作故事 □名家來上課 □其他					

文章旅行：未來兒童　　班　　號　　姓名：

如果每週都寫，即使推薦單只有1/3張A4，也會覺得膩吧！所以，有時改用口語在組內分享：

每人分享1分鐘，同學提問1分鐘；然後換下一個。

分享也提供具體的方向，包括：「有趣」的內容、獲得的「新知」、比較已知與新知的「異同」、覺得「疑惑」之處。

一組四個人，只要8分鐘全班就完成了，不但省時又方便呢！

最佳推銷員

因為園遊會創造的業績，再加上本人的「勤儉持家」，到了4下都還有剩下一些班費。

有錢真好，但這筆錢要怎麼使用呢？

吃大餐？可以。

班遊？也行！

除此之外，買書，如何？

天下沒有白吃的午餐，既然要買書，就要學以致用囉！流程如下：

一、學生推薦書，一本或兩本（選擇權）。

二、學生在學校投票，家長＋網友透過網路投票。

三、統計票數（小孩＋家長＋網友），決定要買哪些書。如果小孩推薦了兩本書都當選，那就買兩本，當做給孩子的鼓勵！

四、由班費支出書款，如果已有那本書，就當做買下一本書的費用。

好書推薦的紀錄單包含了以下幾個項目：

一、基本資料：書名、作者、價格。

二、搜尋方法：書店、圖書館、上網、他人推薦、其他，圈選後要寫出搜尋的步驟。

三、選擇理由：書名封面、內容簡介、個人喜好、他人推薦、其他，圈選後要簡述理由。

四、我的推薦：根據之前所學，寫下推薦。

根據下圖可以知道，網路、實體書店仍是主要的搜尋管道。而且，四年級學生若是到書店選書，一般都由家人陪同。可見，這個活動也間接製造親子共讀的機會呢！

至於選書理由，「書名封面、內容簡介、個人喜好」三項占了大多數。值得一提的是，有5個人選書理由不只一個。這幾位學生能從不同面向來考量，是值得讚許的。

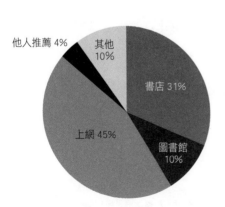

「好書推薦」搜尋方法統計圖

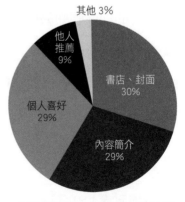

「好書推薦」選擇理由統計圖

請投我一票

　　這個活動設計了網路票選，希望讓家長透過參與進而了解孩子的學習。

　　家長的參與十分踴躍，短短兩天將近300人次。當學生知道有這麼多人觀看，也會對自己的學習更加重視[1]。

　　學生的推薦也很多元，有的則簡介書中內容「貝拉爸媽想讓她繼承王位，就帶她去魔法學校……」（潘品璇）；

　　有的擷取書中內容吸引選票，例如：「我喜歡年紀大的貓，我喜歡躺在旁邊發呆，那隻貓擁有柔軟蓬鬆的漂亮皮毛。」（陳哲豪）

　　有的聚焦在實用性，例如：「○○是一本做點心的書，如果肚子餓的時候，就可以做點心吃……有時還可以做點心給客人吃。」（林纓華）

　　有的則強調知識與娛樂性，例如：「這本書會帶給全班娛樂，增加智商，就像自然課一樣……」（高麒翔）

　　還有更多學生以圖文並茂的方式來推薦書喔！

---

[1] 一個班級中，總不免有個別差異，作品也會有精緻、粗略之分，所以票選的作品得稍作處理，遮住學生的姓名。

學生的表現也讓家長和熱情的網友讚嘆連連。

我看見有同學是因為爸爸、姊妹推薦，還有阿公從舊書店買來給小朋友看的書……從中感受到家人間的好感情，感覺好溫暖喔！

大家的推薦文都很有吸引力……圖也畫得很生動，原來404 的小朋友這麼會畫畫！

同學們推薦的書，有的是關於科學的、有的是偵探故事，還有做點心跟棒球的，真是豐富多樣，透過你們的介紹或推薦，也讓我想去找這些書來看呢！

大家都好認真分享心得與推薦的理由，這次活動讓孩子從網路找書資料與實體書店認真挑選書的過程，自己看了也覺得好感動。

學生自己當然也要投票囉！透過觀摩、互評，讓自己從中學習成長。下一次的推薦，就會更到位。

想知道結果嗎？

最後（其實也是一開始的規劃），每個學生都會獲得書款，購買自己喜歡的書。推薦、票選，都只是過程，重要的是，學生從中學到了什麼？

心動嗎？不妨也來試試！

小花鼠教學筆記

★要怎麼開始

一、結合教學，從課文開始。

二、課外閱讀，從共讀開始。

三、主題文本，課內外結合。

★小提醒

一、先要求推薦具體。

二、再區分內容形式。

三、鼓勵聯想其他文本。

★適用情況

一、想讓學生彼此交流作品，增進閱讀樂趣。

二、想讓學生在輕鬆閱讀中，學到一些方法。

小花鼠內心小劇場

買書給孩子，大人想的跟孩子要的，往往大不同呢！

既然如此，讓學生自己選擇、自己推薦，一定比老師開的書單更具有吸引力、更切合孩子的需求，也更有「誠意」，對吧！

看著孩子寫的推薦紀錄單，從找書的步驟、選擇的理由、具體且吸引人的推薦文，每個階段都是「運用所學」。想到這裡，不禁嘴角也上揚起來。

書中自有黃金屋，這次的答案，真的在書中！

例行日記，滴水穿石

讓批閱作業變成賞心悅目的工作

亞斯貓總有新點子！

「忙碌趕場」是亞斯貓的生活日常，「胡思亂想」則是她的休閒興趣。

某天，從亞斯貓口中又淡淡的飄出一句話：我們來弄聯絡簿，如何？

小花鼠還沒會意過來，就無意識的說：喔！好。

（真是個性決定命運……）

聯絡簿的發想，還是為了「那一件事」——推動閱讀。

於是，夥伴們在緊鑼密鼓同時伴著「喵喵」聲中，終於完成了第1本。

完成任務的小花鼠正想灑花、喘口氣時……

亞斯貓又飄出一句話：我們再弄5本吧！

猜猜看，小花鼠的反應是……

不只是聯絡簿

聯絡簿應該是使用率最高的本子了。學生每天寫、老師每天看、家長每天簽。

如何在例行的事務中，讓學生閱讀更多文本、學到一些閱讀的方法，就是規劃的初衷。這些聯絡簿各有主題，每一本都有8篇文本，本班先使用其中的兩本，分別是：有效學習、港口。

我將聯絡簿的功能定位為「閱讀＋學習＋生活」。所以，一拿到書就先讓學生根據封面、封底，猜猜主題；根據目次思考整本的結構安排；期末，再讓學生回顧自己學到什麼、有哪些內容讓自己印象深刻……

因為是每天一頁的日記式聯絡簿，我希望學生至少可以兩天寫一次，除了閱讀文本、學習方法之外，還可以延續課堂學習，分享收穫、疑惑，或是當成個人日記，抒發心情感受。

以前念書時，師長們常說「零碎時間織美夢」，現在，我也希望學生「年輕不要留白」啊！

聯絡簿也有主題

　　打從3下開始，學生就知道會有一本「不一樣」的聯絡簿。4上開學，發完所有簿本後，就問：聯絡簿呢？

　　是的，要發了！但，得先「過關」才行喔！

　　我先在各組發下一本，說：「先別翻開喔！這本聯絡簿是有主題的，看看封面、封底，猜猜主題是什麼？」

　　有人馬上就舉手了：「目標。封面就有寫啊！」

　　「從封底看到他們都很努力」，努力做什麼呢？

☆ 實驗

☆ 看平板紀錄

☆ 拿科技的書

☆ 拿書閱讀

聯絡簿

頭上有「目標」2字

　　最後，學生的答案頗能代表當初設計封底的意圖喔！

☆ 「拿科技的書」，表示要兩兩交流

☆ 完成目標要嘗試不同的方法

　　開學日，恍神日，但經過腦力激盪後，發條似乎已經上緊了！

我是魔術師

魔術戲法令人瞠目結舌，手法巧妙各有不同。但如果只靠書面資料學魔術，難度其實不小。

因此，這本聯絡簿放了一篇魔術，以「文字＋圖片」的對照，逐一拆解步驟。文末，還可掃描QR Code，透過影片學習更多的技巧。學生在閱讀的過程中，得運用圖文對照的方法，才能知道其中竅門。

事實上，這也是生活中需要的重要能力，很多說明書、操作手冊，不也是如此嗎？

文本最後的提問，就是引導學生覺察閱讀的方法。

如果想學文本中的魔術，我會選擇參考文本中的這些訊息來學習：

□文字　□圖片　□其他

理由是：＿＿＿＿＿＿＿＿＿＿＿＿＿＿＿＿

從學生的答案可知道，雖然多數人需要圖文對照，但還是有人只選擇圖片，因為「文字我看不懂」。其實，只要找到適合自己的方法，就可以讓自己的學習更有效。

資訊檢索解決疑問

如果文本沒有足夠的訊息，該怎麼解決疑問呢？

看到〈當科技遇上教與學〉這個標題，可猜想內容應該有一些不容易懂的專業語詞吧！所以，本文的設計就教學生解決這類問題的方法：

★我經歷過的是：_____

★我想進一步了解的是：_____
　・上網搜尋資料，我用的關鍵詞是：_____
　・找出相關書籍或雜誌來閱讀，
　　我找到的是：_____
　・請教他人，我詢問的是：_____

因為班上也使用「IRS」遙控器和平板上課，所以學生這部分特別感興趣。

「我查到IRS有分學生的和老師的，學生的類型有RF11、RF07、RF16，我們班的比較像RF07，但看起來又不太像。」（郭宥澤）

如果文本內容和自身經驗有關，往往更能引起共鳴，例如下頁的紀錄：

★我經歷過的是：老師用電子白板上傳給我們的平板，用遙控器選老師要的答案。（老師要的？真有趣！）

★我想進一步了解的是：什麼是IRS遙控器
　　．網搜尋資料，我用的關鍵詞是：IRS遙控器、書籍
　　．找出相關書籍或雜誌來閱讀，我找到的是：《教育研究所月刊216期》（好專業！）

★這篇文章和我們上課不一樣的地方是，我們不是科技教室；一樣的是，都有遙控器。（老師也想要有科技教室啦！）

（莊詠婷）

此外，這篇文本除了生硬的知識，還有人物的真實經歷，這些有趣的故事有時更吸引學生的注意呢！

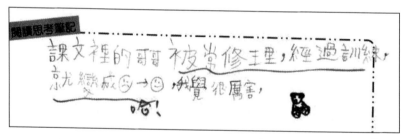

（高麒翔）

很有趣的筆記吧！

學生的回饋有時會超乎我們想像、有時會讓人發出會心的微笑，這些都是批閱的樂趣呢！

看到真實想法：寫給親愛的學生們

對於每天的第一份作業，我總是充滿期待。因為，那是師生交流的管道，收穫之一就是，我可以從中真實看到學生的理解。

聯絡簿《有效學習》中，有一篇〈寫給親愛的學生們〉，包含三篇小故事，內容大概是：

★因為朋友送的一束鮮花，讓自己煥然一新。

★少年不斷將海星擲回海中，看起來意義不大，但對每一個海星而言，卻是改變他們生命的動作。

★只是改變寫法，就可讓人願意掏錢幫助盲人。

作者的原意是「雖然只有一點點，但只要持續改變，就能得到令人意想不到的結果」。

因為聯絡簿已有表格（如下），所以我沒做其他引導，只給了選擇權：完成表格，或是針對部分內容寫下感想。

故事	我的想法	三個故事的共同點
一朵小花		
撿海星的少年		
Change Your Words		

有些學生對三篇文本的理解接近作者的原意，例如：

「只要有心去做，換個角度想，就可以改變一切。」（黃靖淇）；「只要用另一種方法去想／做，事情就會變好。」（林宣伶）

也有不少人看到的是「幫助」：少年幫海星、路人幫助盲人。不過對第一篇故事，卻不約而同的抓到「幫小花整理環境」，學生真實的理解真是有趣！

除了故事的共同點，有的學生是針對個別內容書寫。例如：

「我最喜歡的故事是"Change Your Words"，我覺得這位小姐寫上完美的句子，感動路人，幫助了盲人。就算盲人看不見，也一定會很感謝那位小姐吧！」（陳語荷）

「那位少年看到海星被沖到海灘上，他馬上撿回海星，經歷了一波三折，還是不放棄。我覺得他肯努力去把事情做好，別人說什麼都還是去做，我應該好好跟他和林書豪學，也要經歷一波三折不放棄，他們兩個的個性特質一樣，都是有不放棄的精神。」（王家鼎）

兩個學生，前者感性善良，後者理性且聯想到課文。讓學生自行閱讀文本完成任務，看到他們真實的想法。我不禁暗自竊喜——這本聯絡簿，設計得真好哇！

學習，無所不在

如果想知道學習成效，又不想太制式化，那麼日記是個不錯的選擇。

健康課學到了六大類食物，多說無益，吃了才是真的。不過，要如何知道學生怎麼吃呢？試試飲食日記吧！

這個作業可以檢視學生是否學會如何整理資料，必要時，可以在聯絡簿上給一些建議（如左圖）。

有的學生不但整理資料，還會自己用數據分析（如右圖），這樣的做法也可以讓大家參考。

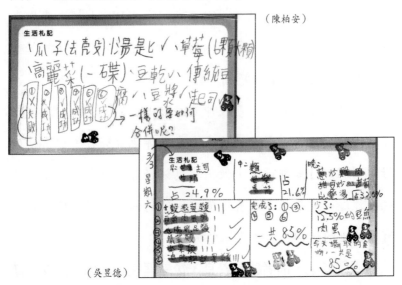

（陳柏安）

（吳昱德）

這些日記雖不是既定的作業，但我覺得，效果更好！

另一種「思想滲透」

當老師，總有一些一再提醒的事，但，每次總有一兩個人會忘。我是不是說到大家心坎裡去了呢？

有一次，我問學生：如果有人一直忘記，該怎麼辦？幫忙想想辦法，寫在日記讓我知道。

學生果然提出很多辦法，下圖的分析讓人印象深刻，如同我給的評語：思緒清楚，還會評估結果，提出結論。

有些學生還會「挖坑給自己跳」，有人還建議打電話給家長！雖然不會立即見效，但老師不用一直碎念，也不錯呀！

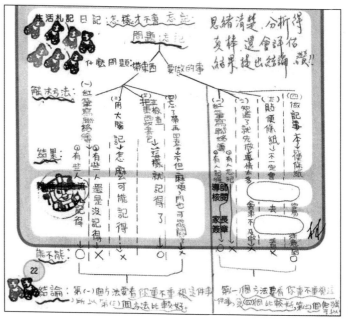

（黃靖淇）

小花鼠教學筆記

★要怎麼開始

想開始，隨時可以！

只要掃描QR Code，就可以知道聯絡簿的相關訊息喔！

★小提醒

一、一開始可提供主題，有些學生還是需要題材的。

二、提供選擇權，讓學生可自選題材，或用老師的 。

三、持續、規律、以鼓勵為主，還要留意日記分量。

★適用時機

一、延伸學習內容。

二、配合校內活動。

三、記錄生活點滴。

小花鼠內心小劇場

「零碎時間可以織美夢」，這是當初在聯考時代，師長們常用來勉勵我們的話。現在，我也變成那個想幫學生多擠出一點時間的老師。

我希望透過日記，用有限的時間、有規劃的方式，讓學生養成書寫、紀錄的習慣，並且更穩定能力。

人，難免有惰性，何況是孩子。

好的習慣養成需要持續。堅持一段時間後，我真的看到了成效，現在，每天一早批閱日記，已經成為一件賞心悅目的事了。

寫日記，每天一點點，成效會看見，係金ㄟ！

鼓舞孩子，引發動機

一個小熊印章就能勝過千言萬語

老師，比小熊！

下課鐘響，幾個學生從科任教室回來，對著埋首作業堆的人問：「老師，你改好了沒？」

「還沒，我先處理別的，等等就改。」

「老師你要先改這一疊。」

「好好好。」

「等等我們回來就要改好喔！」

「好好好，你們別吵，我就會很快！」

⋯⋯⋯⋯⋯

上課鐘響，照例的念完唐詩就要進入課程，「老師，比小熊比小熊！」

經過一番競爭，小熊王出爐，終於可以上課了！

小熊是什麼？

為何能緊緊抓住孩子的心？

老師，繞臺灣一周會怎樣？

我的教室黑板一直有一張臺灣地圖，那是班級經營用的，目標是生活常規。

有一次接新班級，開學第二天，我幫小組加分後，學生問：老師，繞臺灣一周會怎麼樣？

我很正經的說：不會怎樣。

至今，我還記得他錯愕的表情──「不會怎樣？」

我接著說：榮譽是用錢買不到的，要不然，你們給老師100元，看看會不會加1分？

學生們雖然才升上三年級，對這點倒是很清楚，每個人都搖頭說不會。

我繼續加碼：要不然給我500元啊？試試看嘛？

沒有人覺得我會「被錢收買」，看來老師的道德形象還不錯。

是的，真的不會怎樣，加分，沒有；獎品，沒有；給予任何優待，也沒有。因為，老師能給的，就是「榮譽」。

「榮譽」是用錢買不到的。

榮譽是用錢買不到的

如果有機會和老師們分享學生的作品，常常被問到的一個問題是：蓋那些印章，然後會怎樣？

是否覺得這個問題好熟悉？

您應該可以猜到答案了：不‧會‧怎‧樣！

然後，老師們錯愕的表情和學生幾乎如出一轍。

於是，我又說了那句話……

我曾和許多老師一樣，一到期末就結算點數，買獎品鼓勵學生，但是卻常常遇到……

狀況一：我們覺得較有價值的獎品，小孩不愛！

狀況二：讓小孩自己選，挑三撿四拿了又放下。

狀況三：領回獎品馬上轉手送人，因為不需要。

無論哪一種，都會讓老師的玻璃心受傷。因為現在的學生其實不需要物質獎賞；反而是榮譽感，能促使他們奮力往前衝。

有拜有保佑，有寫有小熊

我會用蓋章的方式來批閱，原本是為了開放式的作業──預習單。

預習單呈現的是閱讀時的思考，我希望學生盡量寫出想法。一開始只要有寫，無論對錯，都會蓋章（所以我常常含淚蓋小熊啦）；有問題的，就打個三角形。

不過，只靠「博愛」的小熊還不夠，競爭、緊張的氛圍才是引發內在動力的觸媒。

所以，我常常得讓學生比完小熊才能上課。方式很簡單，先喊價，例如5隻熊以上的站起來，我會抓幾乎全班都可達到的數量。然後，5隻請坐、6隻請坐⋯⋯隨著留在「站場」上的人越來越少，氣氛就越來越緊張。我一邊喊一邊數：現在只剩一半的人囉、剩下三分之一囉！

眼看「站場」上的人得意的「搖擺」，沒錯，真的是「搖擺」，各種扭腰擺臀的動作都曾出現。

然後，重要關卡到了：四大天王是⋯⋯今天的小熊王會是誰呢？答案揭曉，獲勝者在同學的讚嘆聲與注目禮中，滿意的坐下，我也終於可以上課了。

小熊俱樂部：1＋1＜2

先求有，再求好；模式漸趨穩定時，就要提高品質。

如果學生寫得特別用心、答案很棒，我會在那個位置蓋2隻熊。當總數比完之後，就會進入2隻熊俱樂部的肉搏戰，這是更高的榮譽。因為，1＋1＜2隻熊，能進入俱樂部的肉搏戰，代表答案的品質更好。經過一番廝殺，再度產生小熊王；然後，3隻熊俱樂部、4隻熊俱樂部……到後來有十幾隻熊的，因為，學生寫了一篇短文。

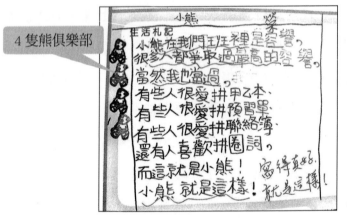

4隻熊俱樂部

（陳若妮）

為了爭取小熊王的寶座，學生會越來越投入，也因為是榮譽制，學生可以在自己擅長的作業努力。

當「選擇權、挑戰性、成功感」三者兼具時，內在動力的引擎就會被點燃了！

小熊日益壯大

小熊的威力驚人，讓預習單的紙從A4變成A3，學生還常常寫到背面。

除了開放式的作業以外，連國語甲乙本、圈詞……都用這一招。只要那一行的字跡工整，就會蓋章。這對很多學生是個福音——只要認真寫，就會有回報。

這類作業的競爭更激烈了，每一行都蓋章就會得到——滿熊＋小熊王的榮譽。為了讓自己更突出，學生開始想方設法的問：如果……會不會有小熊？

「當然會呀！」我表面鎮定其實心中暗喜，這可是你們自己挖的坑喔！

於是，他們開始自己「加作業」，另外寫造詞、寫造句、寫短文、創作一個小遊戲……。因為：

$$1+1<2 \quad 1+1+1<3 \quad 1+1+1+1<4 \cdots\cdots$$

後來，有志者紛紛以「創新高」為目標，不斷精益求精！看到學生可以自發的運用所學，為師者夫復何求呢？

孩子，你的努力小熊知道

小熊的珍貴之處在於無價的榮譽，這榮譽多是來自學生自身的努力，而非大人的協助。

有時，家長會「抱怨」小孩不讓大人幫忙，因為學生慢慢會知道，還是自己來比較好：

理由一：自己寫的，即使有錯，還是會有小熊

理由二：努力抄參考書，很難進入高級俱樂部

理由三：靠大人的協助，不一定會讓自己加分

每次只要學生寫出「很奇怪」的答案，那八九不離十就是「大人的傑作」。例如康軒4上〈沙漠之舟──駱駝〉有幾個標題，我要學生「用簡單的圖示，畫出篇名和標題之間的關係」。

因為之前練習過，所以多數人的圖示像這樣：

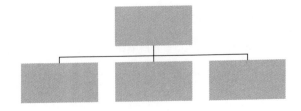

但，也有三、四個人畫成下圖……

(1) 陳哲豪

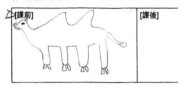

(2) 潘品璇

(3) 李芳懿

(4) 郭懷升

除了(4)幫圖片加上編號，可搭配文本內容，所以有小熊，其餘的三張圖，就……。只聽到學生無辜的說：老師，我本來跟你一樣，但是○○硬要我改成這樣。

其實，這類「趣事」每一屆都有，我總會跟學生說：你的努力，小熊知道；不是你自己寫的，小熊也知道喔！

後來，每一屆都有學生跟我說：老師，我已經跟○○說好了，以後這些作業不用幫我檢查。

是的，孩子，自己的作業，自己來！

牽動人心的小熊

蓋小熊，優點是成功引發學生的動機，缺點是我總是「被學生追殺批閱進度」，有時學生還會在前一天放話：老師，你明天手一定會很痠，因為要蓋很多小熊！

相信任何一個老師都會樂於接受這樣的「威脅」吧！

其實，這些「小熊作業」寫起來真是費時費力。曾經不只一次，不同屆、不同的家長跟我「抱怨」，孩子花在寫作業的時間太久，也不讓大人幫忙，只能在一旁不斷催促早點睡覺。（是呀，因為小熊會知道呀！）

所以，寫1～2小時不稀奇，2～3小時也有，甚至寫到半夜12點多，隔天早上只好請假……

曾經有家長看著教室後面張貼的作品，指指點點的跟我說：像這樣也不錯嘛，不知道孩子在堅持什麼？

我趕緊指著少數幾張比較「陽春」的作業喊冤：我沒要求小孩要那樣喔，你看，這樣的我也接受啊！

其實家長是知道的，只是心疼孩子晚睡。所以，我常提醒學生：

要在有限時間內，完成有品質的作業，才是真厲害！

為了證明是自己獨立完成，有人還會寫上完成作業的時間，並要求家長作證、簽名。後來，乾脆也幫我畫一格，要老師也寫評語……我真是「弄」到自己了。

為了爭取更多小熊，有的學生還要求家長加入。

是這樣的，有時我會要他們寫下是否推薦這篇文本，所以學生也如法炮製，要求家長寫下推薦與否的理由。嗯，2隻熊！學校日時，家長很開心的說，那2隻熊是我的齁！

看看學生的日記，更能感受小熊的魅力。

「我就用迷宮寫了六格關於『察』的特色，有一格是造句可以有2隻熊，希望我的小熊可以很多。」（郭懷升）

「第六課預習單……有的人3隻熊，有的4隻，我只有3隻。希望下次可以變成4隻以上。所以我可以用一些→或是一些話加上名字，就可以得到4隻小熊了。」（曾楷恩）

像這個學生（黃懿文），常常在日記上寫詩，雖然有時不解其意，但可根據關鍵詞猜到意思，有趣吧！

今天把預習單寫滿，希望熊熊明天可滿。

大雨下時去上學，來人學校校成親。生字易顯拜神明，明早成熊王炫耀。（第一句看不懂，第二句，懂了！）

小花鼠教學筆記

★要怎麼開始

無論「吉祥物」是什麼，接到班級的第一天，就可以慢慢「置入行銷」！

★小提醒

一、沒有實質獎賞的榮譽，無價！

二、以努力程度蓋小熊，不以分數多寡評高下。

三、小熊要蓋在表現很棒的位置，而不是總等第。

★適用時機

一、班級經營、作業書寫，只要可以激發孩子動力、讓他們發揮潛力，都是運用的好時機。

二、除了老師蓋小熊之外，也可讓他們互評。當孩子越大，同儕的影響力就越不可小覷。

小花鼠內心小劇場

　　整個過程中，孩子的表現也鼓舞了老師，幫老師上了珍貴的一課。

　　原來，只要讓他們知道自己的努力會被看見，而且得到具體的回饋，再加上同儕間的激勵，孩子真的就會越來越好。

　　老師給不起、也不需要給昂貴的獎品。

　　我們可以給的是「成就感」、「榮譽感」，這是金錢買不到的。

　　這個道理其實很簡單，但我卻在近幾年才深刻體會到……

文章旅行，親子同行

親師溝通與學生學習，雙管齊下

家長也有作業

通常聯絡簿的作業是不需要再解釋的，但這次不同。

發下資料夾，我開始說：你們每天寫作業很辛苦，對不對？

「對啊！我還有補習班的作業……」

可想而知，這句話一定會引起很大的共鳴。

「爸媽很難體會你們的辛苦，對不對？」

「對啊──」

可以想像整個教室充滿抱怨聲……

「所以，從這週開始，家長也會有作業，你們要幫老師『提醒』爸媽完成作業喔！」

這有什麼問題呢！又不是學生寫，對吧！

為什麼要出作業給家長？

要出什麼作業呢？

親師溝通，以專業？以溫情？

擔任老師，總需要和家長溝通。

怎麼溝通，以專業？以溫情？

我呢，一向不是個「和藹可親」的老師，也不擅長經營人際關係。但是，我仍然需要良好的溝通，尤其逐步調整教學後，我得讓家長知道現況、了解未來。

聽起來好生硬，對吧！就說我不夠和藹可親嘛！

其實我的出發點很簡單，就是讓家長知道：為什麼需要調整、知道孩子接下來該怎麼學，還有不可避免的，會怎麼考試。（唉，還是硬邦邦齁！）

溝通管道，面對面，可以說得清楚，但次數太少，要家長一下子接受大量訊息，也太苛求。

所以，我選擇欣希教授建議的「文章旅行」，蒐集現成文章傳達理念，好處是：

第一，專家的言論，會比小花更具有說服力；

第二，透過輕鬆的方式，互相交流傳遞想法。

說到底，我還是走不了「溫情」的路線，哈！

開始之前

開始之前，得先思考以下問題：

問題一：要從哪裡挑文章？

問題二：要挑選哪些文章？

問題三：文章要怎麼旅行？

問題四：要如何要求成效？

要從哪裡挑文章？

大家會直覺想到的，應該是《國語日報》、《幼獅少年》、《親子天下》等教育性刊物。的確，這些會是重要管道。不過，雖然教育趨勢並不會因訊息來源而有太大差異，但如果可以，仍要留意文本的多樣性。

要挑選哪些文章？

這個問題有幾個參考原則，例如，根據低中高不同年段來挑選，每個年齡層的生理特徵、學習需求都不同；或是根據老師想在班上推動的方向來選擇。若是閱讀，那麼就可多挑一些相關文章，當做理念溝通的橋梁。

文章要怎麼旅行？

一學期20週，扣掉期初、期末、評量、連假等時間，大約準備16份資料，將文章、紀錄單放入資料夾，由學生帶回。資料夾可貼上目錄，方便對照。

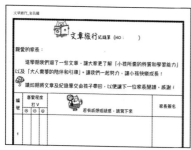

家長紀錄單

資料夾

如何要求成效？

可別把家長當成學生，逼他們寫作業喔！那可能會造成反效果，失去了溝通的原意。家長若願意多多分享，那自然最好。若一時沒想法，簽個名、畫個笑臉也可以；若沒時間寫，也可以請孩子轉述。

記得將家長寫的回饋都放入資料夾，和文章一起旅行，這樣，大家才能看見彼此的想法。

總之，只要提供文章、製造機會，就是彼此溝通的第一步了。

引導家長覺察，也增進親子互動

多數家長都知道「親子共讀」有助孩子的學習，也了解「陪伴」對孩子成長的重要性，只是平時忙於工作，不見得能真正落實。透過每週一文間接提醒，效果會比一學期只見一次面的學校日好很多喔！

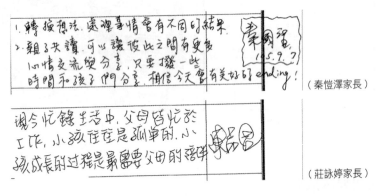

1. 轉換想法，處理事情會有不同的結果。
2. 親子共讀可以讓彼此之間有更多心情交流與分享，只要撥一些時間和孩子們分享，相信今天會有美好的 ending！
（秦愷澤家長）

現今忙碌生活中，父母皆忙於工作，小孩往往是孤單的，小孩成長的過程是最需要父母的陪伴。
（莊詠婷家長）

這個活動中，學生是最好的幫手，擔任小郵差傳遞資料，有時擔任「提醒」家長的角色，甚至幫家長「寫作業」（轉述家長的意思）。

例如這個班第一次的文章旅行，全班26個小郵差都完成任務，其中還有3份是學生幫忙寫的，2份是學生畫的圖。

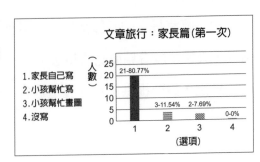

文章旅行：家長篇（第一次）

1. 家長自己寫
2. 小孩幫忙寫
3. 小孩幫忙畫圖
4. 沒寫

（人數）

21-80.77%
3-11.54%　2-7.69%
0-0%

（選項）

其實，由學生協助家長也是製造另類的親子互動機會。有時家長的確忙碌，那就像這樣畫個笑臉，也很可愛呢！

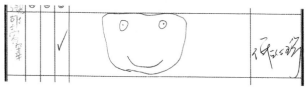

（郭有澤幫忙畫畫）

有時家長口述，孩子書寫，家長可以順便觀察孩子的聆聽與書寫能力，也算是另一種形式的檢核，是不是一舉兩得呢？

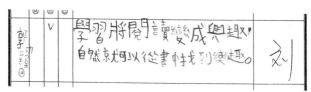

（郭翊緯幫忙書寫）

如果家長可以因此與孩子共讀，進一步分享親子討論的歷程，那就更好了。若不是這樣的互動，我們怎會知道，這個可愛的小女生竟然會想當「巫婆」呢！

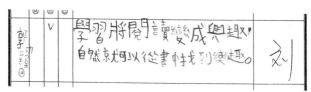

（呂芷瓔家長）

「文章旅行」是一種柔性的溝通，透過輕鬆的閱讀與分享，讓親師、親子更了解彼此的想法。

學生搭便車

課內、課外的安排，若能圍繞著同一主題，成效才容易顯現。那麼，就讓學生搭家長的便車一起「旅行」吧！

前面提到，三年級的教學先聚焦在「故事文本」，所以，學生就會是「故事旅行」囉！

有趣的故事固然吸引人，但也要顧及份量。校內圖書館有許多橋梁書，我挑選了「小兵快樂讀本」，48本足夠使用兩個學期[1]。閱讀之後呢？根據書寫分量由少到多，下列幾個方式提供參考：

方式一：只說不寫

學生可以分享有趣的情節，或是說故事內容。操作方式請參考前述「好書推薦，言之有物」，閱讀雜誌的分享。

方式二：寫一點點

參考家長的文章旅行，一張A4分成四格，每人一小格書寫感想。這部分可慢慢要求具體敘述，不能只寫「故事很好看」之類的。

一段話說明活動
學生1 讀後感想
學生2
學生3
學生4

---

[1] 這系列的書不只48本，只是校內館藏是這個數量。

方式三：配合推薦

書寫分量和「感想」類似，搭配好書推薦，讓學生寫下推薦與否的理由。

方式四：故事基模

如果學生已經有「故事基模」的經驗，就可以讓他們寫出引發、問題、行動、結果。

方式五：故事基模＋推薦

方式六：故事基模＋推薦＋朗讀＋……

下列形式提供參考，可根據需要自行搭配。

一段話說明活動
學生 1
推薦與否及理由
學生 2
學生 3
學生 4

1. 主角
2. 引發、問題、行動、結果
3. 主角的心情有何轉折，原因是什麼（用箭頭表示順序）
4. 我覺得這個故事想告訴我們……
5. 哪部分的內容讓我印象深刻？為什麼？
6. 選一段最精采、最有趣或最感人的敘述，唸給家人聽。
7. 我（推薦 / 不推薦）這本書，因為……

無論是家長或學生的文章旅行，都是環境氛圍的營造，要留意分量，不要讓彼此有太大的壓力喔！

還是有一些問題

「文章旅行」最讓老師們顧慮的可能有這幾點：

第一：如果順序錯了？

第二：如果遺失了？

第三：要怎麼批閱？

以一班26人為例，可以在公布欄貼上清單和順序表，輪到的週次就在順序表上用螢光筆註記。

故事旅行閱讀清單

1. 小兔沙比立大功
2. 學不會魔法的小女巫
3. 醜狼杜美力
   ……
26. 鱷魚先生之是誰偷了錢

故事旅行輪流順序表

座號	姓名	註明時間或週次												
01		1	26	25	24	23	22	21	20	19	18	17	16	15
02		2	1	26	25	24	23	22	21	20	19	18	17	16
03		3	2	1	26	25	24	23	22	21	20	19	18	17
26		25	24	23	22	21	20	19	18	17	16	15	14	13
26		26	25	24	23	22	21	20	19	18	17	16	15	14

至於批閱，家長的部分如前述。學生的部分，其實一樣可以「視情況而定」。有時分量、標準寬鬆一點，讓學生輕鬆閱讀，彼此都有一些喘息空間也不錯！

如果還是有困難

在臺灣許多角落，都存在隔代教養的問題，或是家長對中文的閱讀有困難。那該怎麼辦？

方式一：畫給你看

圖畫，可說是不同國家、不同文化的共同語言，透過畫畫的方式，讓人發出會心的一笑，效果更好。

找不到？自己又不會畫……（就跟我一樣啦）

可以請學生畫呀！

相信學生一定可以更準確的傳遞老師的「旨意」喔！

方式二：說給你聽

搭配「聆聽內容，記錄重點」的方法：

老師說→學生聆聽＋記錄→回家轉述

看起來不錯吧！老師只要負責說就好，然後就等著驗收成果囉！記得要留下學生的作品，下次就有現成的「範例」與「說帖」可使用了。

其實呢，學生的作品更會吸引家長多看幾眼喔！

如果疑問和困難都解決了，那麼就……

　　　開始「旅行」吧！

小花鼠教學筆記

★要怎麼開始

一、根據需求蒐集相關資料。

二、利用學校日向家長說明。

三、班級上軌道就可開始囉！

想了解更多訊息嗎？請掃描QR Code就可看到相關資料喔！

★小提醒

一、如果是家長，以間接、柔性溝通為目標。

二、如果是學生，以搭配教學養成習慣為主。

★適用時機

一、除了透過文章溝通親師理念之外，校內若需溝通，也可以運用這樣的方式喔！

二、原則也類似，以輕鬆閱讀、引起興趣優先。

小花鼠內心小劇場

　　這幾年學校日，我發覺自己越來越碎唸，也許是想說明的事越來越多；也許是想溝通的想法越來越多；也許是，年齡越來越「多」……

　　總覺得學校日的時間不夠，辛苦坐在底下家長毫無怨言的聽我自鳴得意的長篇大論——因為「人質」在這裡，再怎麼累也得坐著聽啊！哈！

　　「文章旅行」是個好方法，彌補了說明時間的不足，也補足了我不擅與人溝通的毛病。

　　不過，下次學校日，我想自己還是再找「話題」，持續「囉嗦」下去吧！

教室開門，家長請進

推銷理念，要用主動出擊的方式

老師，這學期什麼時候觀課？

現在，如果家長這樣問，我都會說：你希望什麼時候呢？跟我說個時間就好。

我自認還做不到完全開放，因為我不認為自己的每一堂課都那麼「漂亮」，班上總有瑣事要處理；有時我還是會罵罵學生、整頓班級……

但我希望，如果家長、教育夥伴想要了解，我可以很快呈現具體的例子與對方討論。

這幾年我會主動邀請家長入班觀課。有時，也會有人主動問：這學期……

我總是回答：好啊！什麼時候呢？

因為，觀課，就是溝通的最好機會，對吧！

當你想做一件事，全宇宙都會來幫你？

多麼激勵人心的一句話，若是如此單純，那麼，所有的夢想似乎只需要「意念」，就可以水到渠成了。

但我們都知道，事情沒那麼單純，自己的意願自然是首要，外在的氛圍也需要營造。

教學想改變、評量想調整，家長的支持是重要的。透過面對面的說明、透過前述的文章旅行，都可行。除此，還有別的方式嗎？

其實，說得再多，都不如提供實際的體驗。

學校日，讓家長體驗學生的學習與評量，感受學年一致的氛圍，還有呢？

就入班觀課吧！

當老師願意打開教室，呈現自己的教學，應該很具說服力吧！

內在條件
自身意願＋能力成長

＋　⇒　理念落實

外在條件
夥伴同行＋家長支持

唯有內外條件兼備，才會感受到「全世界都來幫你」！

好了嗎？

準備出擊！

學校日，學年一起來

經過幾年努力後，我更希望可以調整評量、建立模式。但，「評量」一直是敏感區（詳見〈觀察評量〉），為了減少不必要的揣測甚至誤解，我們選擇在學校日向全學年的家長說明。

每次的內容包含：

1.全校例行事務、學年共同事務。

2.教學與評量方向，尤其是語文領域。

3.請夥伴分享班級經營或其他領域的教學。

為了讓家長感受語文教學與評量調整的必要性，我通常會安排一些內容讓家長感受，而且要循序漸進，例如：

先感受國中會考的試題 → 離孩子太遙遠了啦！

再體驗學力檢測的試題 → 什麼？怎麼考這個？

因為，臺北市是升上五年級的10月就施測，換言之，檢核的就是學生中年級的能力，亦即，學生在這兩年怎麼學、怎麼考，就會是重點了。

是的，說服要有規劃、要有技巧，我心機很重吧！

有「溝」就會「通」?

這樣的模式進行好幾次,表面上看似平靜無波,但,水面下卻是暗潮洶湧。

不斷有人跟我說:小花,我班上的○○想跟你聊聊。

我當然說:好呀!歡迎,有疑問就當面溝通。

結果呢?

我左等右等、上等下等,就是「無人來找」。

我自我感覺良好的認為,一定是有人幫忙說明了。

最後的結果是……

對方選擇學校日,在全學年的場合當面「聊」啦!

嗯,當下氣氛有點小尷尬,不過,小花有挺住喔!

(根據未經證實的小道消息:還有人馬上傳訊息給樓下長官:樓上出事啦～～哈!)

事後,學年老師跟我說,她們以為我想自己「處理」,所以沒開口。看起來,默契真是不太夠齁!哈!

而那位聊聊的家長,會後跟我說:我平常真的沒時間來學校……(以下對話請自行想像!)

於是,這件事,就這樣——平和的落幕啦!

參加校外教學或觀課？

　　主動跟全學年家長說明，目的是「廣度」。對自己班上的要求，難免會比較深入，只靠「口頭宣導」還是不夠，尤其，我算是「始作俑者」，總要以身作則啊！

　　於是，我開始主動邀請家長入班觀課，讓他們知道自己的小孩在這個老師班上，究竟在學什麼。

　　如果是新班級，我會在第一次的學校日跟家長說明，內容大概有幾個重點：

　　一、目的是了解孩子學習，而非老師教學。

　　二、大家應該沒有太多機會看孩子的學習。

　　三、相較於校外教學，觀課只需要一節課。

　　四、如果可以花一天時間陪孩子校外教學，卻抽不出一節課看孩子怎麼學習，那麼，要說您多關心孩子的學習，會令人感到懷疑。

　　總之，第四點才是重點啦！第一次這麼說，還真是「脫稿演出」，之後，膽子就越來越大，越說越順口了。謝謝家長們包容我的「無禮」。

家長觀課紀錄單

後來，我設計了一份紀錄單，希望引導家長觀察孩子的學習，而不是單純來「捧場」。同時，我也可以根據這些資料更了解學生的學習狀況[1]。

◎我觀察到小孩的學習過程……：請圈選數字，上課未呈現的不用填

	觀察向度	低　高	若可，請在此欄簡單描述您所看到的現象
1	專注聆聽	1234	
2	口語表達	1234	
3	閱讀思考	1234	
4	書寫品質	1234	
5	同儕合作	1234	
6	其　　他	1234	

◎您的范臨是孩子最大的支柱，請寫幾句話勵孩子。

有的家長很仔細的記錄孩子上課的狀況，也觀察到老師是「透過引導、討論讓孩子理解課文」，或是「在討論學習尊重其他組員的意見」，還有家長發現「原來孩子看到我的出席，這麼開心」[2]，是呀，大人的支持與鼓勵，對孩子而言是很重要的呢！

---

[1] 原意是請家長鼓勵孩子，但多數人還是謝謝老師，樓歪了啦！不過，還是感謝家長們的肯定，下次，我會將「題意」再寫清楚一點。

[2] 依序是潘品璇、楊子怡、呂芷瓔的家長回饋。

師生一起剉咧等

老師要接受他人觀課，難免會緊張，我也不例外！

記得第一次大型的公開課，那可是全學年動員一起幫我備課，真是謝謝大家。當時不斷到每個班試教，只剩最後一顆子彈（自己的班），留著公開課當天用。

不但老師會緊張，其實，學生也是耶！

記得第一次公開課，場地不在原教室。我和學生都必須透過麥克風，才能讓觀課者清楚聽到聲音。所以，我不但要準備自己的教學，還要關照學生的心理，因為，第一次讓那麼多人看著自己的一言一行，真的會「剉」啦！

為了避免「失誤」，我在前一天就帶著學生熟悉場地——到那間教室、用麥克風上課。沒錯，我也跟著緊張起來了。

這樣夠嗎？學生只有三年級，您說呢？

隔天，學生在滿場的注目禮中進入看似熟悉的會場，一坐下，只聽到平時最皮的那個男生，用虛弱的聲音說：「老師，我好想回家……」（滿場的笑聲）

乖～我們上完課就回家嘿！

學生視角看觀課

我自己認為，「學生被觀課」其實不像老師那麼的緊張。因為，只要課程設計得宜，學生就會進入學習的情境，激動之時，還是會旁若無人、原形畢露的大呼小叫啦！

看看學生的日記，真的挺有趣的喔！

「今天媽媽來學校看全班上課……竟然連校長和其他班的老師也來了。讓我印象深刻的是畫表格，剛開始我還不知道要怎麼畫，但經過討論之後就知道了。」（李芳懿）

「今天上課時……校長竟然來了，而且在我旁邊。我很驚訝……校長還在我旁邊吃手手。」（郭宥澤）

「今天觀課……我看到校長吃手手！我想他的OS：『哇！花老師也太會上課了！』所以嚇到吃手手！其實我覺得，有沒有人來，我們都要好好上課，不要分心，東看西看。」（強睿恩）

還有時間觀察校長？看起來，這一屆的學生已經不會緊張了。

幸好還有許多人的日記寫自己的收穫，「吃手手」的只有兩個人，要不，焦點都在校長身上了啦！

讓學生看到「自己」

　　觀課，通常是以「教師」的觀點出發，如果是從「學生」的觀點看「教與學」呢？

　　我曾經在兩個班級安排一樣的課程，差別是：第二個班教學時，第一個班的學生帶著相機、筆記本，入班觀課。

　　兩節課的過程中，兩班的學生在同一間教室「和平共處」，一班上課、一班觀課，無論對師生而言，都是個奇妙的經驗！

　　學生注意到許多不同，例如：老師給的提示、小組討論的方式……事後，還要完成一份報告，分享自己的觀察，也省思了自己的學習。看到學生的紀錄，我也從中得知自己在孩子眼中的教學模樣！

　　觀課，其實也可以是一件有趣的事呢！

所為何來？

多數老師對「公開教學」這件事，心態上仍未完全準備好，主動邀請家長觀課，也許有人覺得是一場「秀」。因為，那會讓人注意到這位老師的「勇敢」或者……

但，時勢所趨，108課綱明定，從校長到老師，都得公開教學，而且，教學原本就是老師的專業。無論什麼原因，我想，從事任何行業，都應該壯大自己的專業吧！公開教學，只是老師展現專業的途徑之一而已。

有了幾次經驗，加上備課的習慣，公開教學對我而言不再有那麼大的壓力，但，仍是一種挑戰。我希望藉機檢視自己的教學，讓自己的螺絲不要鬆了、不要那麼的自我感覺良好。同時，提供一個具體的例子與他人交流——無論對象是老師或家長，甚至，請他人指導。就像教授每次看我的教學，都會忍不住念「你怎會教成這樣」之類的。

讓他人檢視自己的教學，是需要一些勇氣的。雖然「玻璃心」會受傷，但，我慶幸自己仍在這條路上。

期勉自己繼續保有這樣的勇氣，持續堅定前行。

小花鼠教學筆記

★要怎麼開始

一、對象是家長：透過學校日說明理念。

二、對象是老師：透過共備時分享想法。

★小提醒

一、公開教學：事前的備課仍是不可少喔！

二、入班觀課：一雙善意的眼睛仔細觀察。

★適用時機

一、需要以具體的例子與夥伴或家長交流時，請打開教室。

二、需要藉由具體的例子，調整自己的教學，請入班觀課。

小花鼠內心小劇場

老師需要具備的能力之一是「溝通」，與家長溝通。

無論是透過文章旅行、利用學校日面對面，或是邀請家長入班觀課，都是希望減少不必要的阻力與猜測。總不能每次都靠「堅強的意志」吧？

在這幾年的「溝通」中，我也發現自己有一些進步：

1.從被動轉為主動

2.尋求不同的溝通方式

3.更堅強了

所以，現在的小花不是玻璃心喔！

教授都叫我「鋼鐵花」！

糟糕，這個綽號，聽起來好像更難溝通了耶！

（四）觀察評量

　　評量是師生共同的題目，檢核學生，也評估著老師。

　　就像投捕關係，投球的是老師，接球的是學生，投捕之間得有足夠的默契；而默契，需慢慢培養，評量也是得慢慢微調。

　　當學生在不同情境都能接到變化球，老師才具備取得「勝投」資格吧！

從量到質，逐步進化

兩張考卷開始到繽紛的彩色題本

一個避不開的難題

談到評量，常常聽到一句話就是：「沒關係啦，分數不重要，別太在意。」

當然有關係啊！

學生有關係、家長會在意，老師，也很難視而不見吧！

評量，就像蜘蛛的摩斯線，可以牽動親師生的神經。考得好，皆大歡喜；考不好，就有人要遭殃……又不能為了平安無事而給高分，這可真是傷腦筋！

尤其是，教學已經調整，評量又該如何因應呢？

評量——牽動親師生神經的摩斯線

多數學生都怕考試，老師其實也不怎麼喜歡呢！

因為，要趕進度；

因為，要出考題；

因為，怕考不好……

什麼？考不好？

是啊，學生考不好，老師就鬱卒啊！

在早期分數掛帥的時代，分數甚至成為一個老師是否「認真」、「優秀」的指標。現在呢，老師們已比較釋懷，但是，嘴上不在意，心裡介意者，也不在少數。

其實，評量不只很難避免，也有其存在的價值與必要性。因此，得思考如何讓這件事更具意義。

教學、評量密不可分，按照順序，似乎應該先調整教學，再思考評量。但這幾年，我反而會從後者切入，與老師們、家長聊聊「評量」透露了哪些訊息，請大家一起思考，該如何讓學生可以在評量中有更好的表現。

猜猜，會回到哪個議題呢？

是的，就是教學。

羅馬不是一天造成的

一如前述，接觸閱讀歷經10年，5個班。各階段對評量的調整如下，灰底代表新增的內容。

學年度	班級 1 97~98	班級 2 99~100	班級 3 101~102	班級 4 103~104	班級 5 105~106
調整方向		1. 調整閱測	1. 調整識字、理解的配分	1. 確認識字、理解的配分比例	1. 確認識字、理解的配分比例
		2. 閱測用問思現成試題	2. 開放題	2. 開放題	2. 開放題
		3. 加入開放題	3. 閱測以問思概念自行命題	3. 摘要	3. 摘要
			4. 摘要	4. 試題加入基模的概念	4. 試題加入基模的概念
				5. 故事說明並重	5. 故事說明並重
				6. 提供課文	6. 提供課文
				7. 加入聆聽	7. 加入聆聽
					8. 差異化
					9. 選擇權

上表至少透露了兩個訊息：

一、第1個班級聚焦教學，之後才調整評量。

二、評量的調整一如教學，都需要循序漸進。

從「表面效度」開始調整

調整評量，有時是費時、費力，甚至勞心的。

費時，左邊表格說明了羅馬不是一天造成的。

費力，試題品質和教學的調整是環環相扣的。

勞心，與夥伴家長溝通觀念有時比教書還累。

一開始就要「整組換掉」，挑戰性太高，就先從「表面效度」開始吧！

調什麼？直書改成橫書，簡單啦！

調什麼？試題的分量增加，還可以吧！

調什麼？理解的比例慢慢增加，嗯，可以接受。

經過幾年的摸索，我們學年有一些共同默契，每次評量也許有些微調，但大致參考下表的規劃。

項目 \ 期間	3 上	3 下	4 上	4 下
字音字形改錯	40%~45%	35%~40%	30%~35%	30% 以下
理解寫作	依命題老師調配			
閱讀測驗	500 字 10%	600 字 10~15%	800 字 15~20%	1000 字 15~20%
摘要	段落 5%	段落 5%	段落或意義段 5%	意義段或全文 5%

教什麼、考什麼

除了讓試卷「看起來很厲害」之外，試題品質更是重要目標——能反應「教」與「學」，而不是只有「難」！

評量其實和教學很類似，要搭鷹架、也要撤鷹架。以故事體常探討的「角色特質」為例，就可以參考以下的方式，搭配教學的進度，逐漸增加難度。

一開始教師（T）提供觀點，學生（S）找支持的理由，接著教師提供理由，學生形成觀點，最後全部由學生完成。過程中還可搭配不同的答題方式，如填充、提供選項等，再細分難易度。

評量目標	提問方式
T S　S	我覺得馬良是個善良的人，因為…… （一開始可以先找一個理由）
S T　T	馬良會替村裡那些生活困苦的人畫畫，誰家沒有房子，就為他畫房子；誰家沒有牛，就為他畫牛。 請問，馬良是個什麼樣的人？
S S　S	你覺得馬良是個什麼樣的人？請從文章中找出兩個理由支持你的看法。

難以抉擇的開放題評分

當評量放入前述的開放題，遇到的挑戰應該是——這要怎麼改呢？這時，有兩個方式可處理：

方式一：審題時就預擬評分規準，考完照著批閱。

方式二：考完試，根據學生的答案擬定評分規準。

無論哪一種方式，都會因批閱者的判斷造成給分不一致。為了降低大家的疑慮，我們選擇了方式二的「變形版」，亦即考完試，由某一人負責批閱，而那個人就是我……

開放題的批閱是有些小訣竅的：

步驟一：挑一個班，根據作答的正確與完整性分成幾類，以確認評分規準。要一個班才會有不同類型的答案喔！

步驟二：挑第二個班，依確認的規準將試卷分類。

步驟三：全部試卷分類完畢，打上分數，完成批閱！

這種全學年考試一人批閱開放題、摘要的狀況持續了一段時間，終於等到「政權和平轉移」的一天，後來，夥伴也能承擔各自的批閱了喔！

Open book? 考卷是彩色的？

調整配分只是外在的形式，若想知道學生的理解，就得排除「記憶」的因素。

如果評量的內容是課文，在沒有文本的狀況下，我們其實很難確認學生是「不記得」還是「不理解」。既然如此，那就提供課文吧！一如既往，這也是有階段性的：

階段一：提供該題需要的內容，也許是一兩句、也許是一小段課文。

階段二：提供一篇課文。建議是一起共備的那一篇或兩篇……，這樣各班的教學也比較一致。

階段三：若已有足夠默契，那就別客氣，全給了吧！

因為定期評量還是涉及公平性，所以我選擇另外印出純文字的課文，兩張A3，正反兩面，就可放入全部資料。

國字、注音、改錯該怎麼辦？

考完國字、注音那些錯字需要扣分的，收回試卷，再繼續下一部分，就可解決囉！

於是，變成用顏色區分多份試題的彩色題本。不過，輪到命題的老師，那段期間的人生好像就變「黑白」了耶！

試題品質 Up! Up! Up!

教學進化，評量也要進化。

走筆至此，應該可嗅到不斷向上提升的氣息吧！

是的，接下來就是思考要如何問出好問題了。這部分基本上是根據欣希教授提供的四大指標：

一、回文本找訊息

二、重要且有意義

三、兼顧不同層次

四、有邏輯的問題

要理解一篇文本，應該要兼顧內容形式，評量亦然！尤其是寫作形式常常被忽略，更需要彼此提醒。可參考PIRLS的比例，內容大約占2/3，形式約占1/3。

除此之外，可進一步思考跨文本的比較。以內容，例如單元主題，這幾課都提到哪些重點；以形式，例如故事或說明文本的特性，或是其他特別的寫作方式。

總之，希望評量還是具有「引導」作用——以試題引導學生理解文本內容，賞析作者的創作特色。

小花鼠教學筆記

★要怎麼開始

一、先調整某一大題。

二、共同備課的課次。

三、最後再整體規劃。

★小提醒

一、先調整配分比例，再慢慢提升試題品質。

二、教學和評量要互相對應，才能檢視成效。

三、開放題以想法為主，錯字注音先不扣分。

★適用情況

想透過評量檢視教學成效，又不知從何開始，可參考我們的經驗喔！

小花鼠內心小劇場

歷經了10年的「青春歲月」，我調整了教學，也大致掌握評量的方向。

現在我知道，評量不只是分數，還是重要的檢核方法，所以，理解應重於記憶，試題要對應教學。

但是，「聽說讀寫」的評量拼圖似乎還沒完成呢？

聽和說，該怎麼處理？

如果有學生一直翻不過那堵牆，該怎麼辦？

還有，是不是有其他的檢核方式，因為……

老師有時也不喜歡考試啊！

聽說讀寫，差異評量

形式多元＋落實差異化、選擇權

小花鼠有問題！

評量，要考能力，知道。

評量，更重理解，知道。

評量要搭配教學，也知道。

但，不知道的還很多……

想用課外文本檢驗能力，但，要去哪裡找？

想考的很多，但考試時間很少，怎麼辦？

聽和說呢？怎麼辦？

還有，

顧及了鑑別力，卻讓某些孩子一直翻不過那堵牆……

這麼多的問題，難怪命題老師的人生都變黑白了……

任重道遠的閱讀測驗

既然課文還是有學習的記憶效應，那麼，「考能力」重要任務就落到課外文本，亦即「閱讀測驗」上了。

但緊接而來的問題就是……

問題一：要考什麼能力？

這個好回答，教什麼、考什麼啊！

問題二：要怎麼知道教什麼？

一是從課文內容找，二是根據所學策略。

問題三：要找什麼樣的文本才能與教學對應？

問題四：要去哪裡找適合的文本？

問題……不要再問了啦！

是的，這就是命題老師人生瞬間變黑白的原因。

要符合上述條件，又要在有限時間達到檢核教學成效目的，例如：

內容形式的理解、摘要的方法、還有聆聽的能力。

這篇文本真是任重道遠啊！

只是，要去哪裡找？難道是靠緣分？

找文本，像尋寶

找文本是有點辛苦，但，還不至於像大海撈針，得成天泡在圖書館，一本一本的翻。

其實，我們手邊就有許多現成的資源，例如：坊間的閱讀測驗——什麼？那個可以？

別急別急，我們只需要文本，也許需要稍微修改。至於命題，還是希望能自己來喔！

如果還是不適合呢？

除了《國語日報》，也可找1,000字左右的橋梁書，有些故事情節很精采呢！兒童刊物也是不錯的選擇，有機會就要多留意。

還有，別忘了——NHK，其實是好朋友！

是的，可以找其他版本的課文。仔細比對可發現，有些單元主題很類似（例如人物傳記、遊記），寫作特色也明顯，其實還挺合適的。

不過課文通常篇幅短、內容有時較為簡單，建議用下一個學期下一年的文本，較能達到檢核的目的。

兼顧趣味性與知識性

有趣的故事很受學生歡迎，即使篇幅長一點，閱讀起來也不覺得累。但是，我們期望學生在閱讀趣味故事之餘，也能了解真實知識，甚至覺察不同的寫法。

要達到此目的，可選擇同一主題、不同寫法的文本。例如〈勇敢的壁虎〉這篇故事，大概的內容是：

一隻小壁虎不小心尾巴掉了卻不會痛，讓老虎很驚訝，以為小壁虎很勇敢。

當時我找了相關資料，在故事最後自行加了一個文字框，出了一個題目：

這篇文章以兩種方式介紹「壁虎」，哪一種方式對你了解「壁虎」比較有幫助？請說明理由。

壁虎小知識

常見的壁虎一般體型細小，部分種類的雄性會叫，遇有敵害或干擾時，容易斷尾逃脫。斷尾之壁虎尾巴再生力很強，沒幾日就會長出新尾巴來。

透過學生說明的理由，可知道他們能否從故事內容或文字框掌握知識，也間接提供賞析不同寫法的機會。

皆大歡喜的摘要評量

摘要得透過理解才能擷取重點、串連成文。如果要讓學生在短時間內閱讀多篇文本，其實是很大的負擔。所以最理想的狀況是，透過提問理解內容，讓學生用同一篇文本摘要（也許是一段、也許是全文）。

一直以來，摘要所占的分數都不高，通常是努力擠出來的3、5分；批改也較為寬鬆，只要能抓到主要重點、多餘的敘述大致刪掉，就能得到滿分。至於通順與否，基本上就不苛求了，錯別字、注音、標點符號等，更是「視而不見」。這是讓夥伴願意、讓學生有信心，也讓家長放心的做法——推動，也是需要策略的。

不僅如此，剛開始還會有一些提醒，例如：刪去形容或描寫的敘述，將留下的部分寫成一段通順的文字。

如果對於書寫還是有疑慮，那麼就先用選擇題吧！學生只要能選出哪個答案比較適合就可。

基本上，無論是降低難度或簡化作答，都是希望藉此讓老師、學生、家長慢慢接受。畢竟，評量的調整真的比較敏感。

和藹可親的聆聽測驗

看到標題，您是否發出會心的一笑？的確，就是和藹可親。理由有二：

一、當然是分數讓大家滿意

二、文本內容要能吸引學生

聆聽測驗上半部是紀錄區，下方是試題。三年級的試題大多是選擇題，之後再慢慢加入部分填充或是開放題。

因為測驗時只讓學生聽一次，錄音檔會提醒學生先看看試題，以降低作答的難度[1]；當然缺點就是，學生可能只聽需要的答案，忽略了其他內容。不過，如果以讓大家都可接受的目標來看，目前就只能先這樣了。

至於文本的挑選，趣味性是重要的，學生常常聽到一半集體笑出來，再加上題目不難，至少讓他們不會覺得考試的壓力很大。

至於前述「聆聽內容，紀錄重點」的要求，暫時不納入學年的評量，先在班級實施就好。

---

[1] 謝謝宜蘭縣武淵國小張雅萍老師，每次都用好聽的嗓音幫忙錄音。

「說」，就是說話嗎？

當然不只這樣！

「說」代表的是「口語表達」，不只是朗讀文本，還要能將自己的理解、想法、所學「有效輸出」，而不是只有隻字片語。

在《聽說讀寫，有策略！》中提供了一些指標，可作為教學或評量的參考：

態度大方、語音清楚、重點完整

除了上課時的觀察，還可以用一些方法評量學生的口語表達，例如：

重述故事，或是說說自己推薦與否的理由

分享所學，說說自己學到了哪些閱讀方法

在學校沒有足夠時間，我會請家長協助錄影，傳到班上的群組，這樣做的好處是：讓家長了解並重視孩子的口語表達能力，並製造互相觀摩的機會。

如果比對前後的表現，就更能檢視進步的歷程，也能知道哪些部分需要再練習。

我當老師了！

我常常會用錄影的方式記錄學生的學習表現，他們現在已經習慣我上課時拿著手機拍來拍去。

多數學生的共同問題是：在座位上滔滔不絕，站起來卻惜言如金；或者是下課一條龍，面對鏡頭就⋯⋯

其實，我們大人也是這樣的，不是嗎？

能力來自經驗，我們要為學生製造機會累積經驗。

所以，除了記錄歷程，我也會讓他們化身小老師，教其他同學閱讀的方法。如果將學生訓練好，下一屆，我不就只要翹腳播放影片就好嗎？

分享所學：好書推薦　　分享所學：故事基模

差異化＆選擇權：考哪一張？自己挑！

過去幾年，我們學年一直努力「微調評量」。在我和夥伴們雙重的「加持」下——我的「堅持」與夥伴們的「支持」，有了一些具體實踐的例子。

但，組織微調後，不同的成員對命題會有自己的思維，不過我仍希望持續評量的調整。因此，第一次評量的差異化、選擇權終於出現。

我用本班的吉祥物「小熊」作為標記，將課外文本的試題，從難到易分成：5隻熊、3隻熊、1隻熊。文本一樣、題目一樣、配分一樣，只是因難易度有不同鷹架。

學生可自行選擇要考哪一份試卷，在此之前當然要先精神喊話：

一、這份考題是期中考總復習用，不會列入月考成績。

二、這不只考你們（學生），也是考老師的教學。如果考試成績不理想，不完全是學生的責任，可能是老師也沒教好。

三、大家可以選擇適合自己的考卷，文本一樣，只是有些題目的提示不同。

事後，有家長跟我說，孩子安親班的同學得知此事，說：你們好倒楣喔，要多考一份考卷。

但學生說：不會啊！這是考自己的能力。

姑且不論家長是否安慰我，反正，我當真就是囉！

第一次的小熊考卷試題結合了聆聽、內容與形式、摘要、心得，我規劃時嘴角是上揚的啊！因為，之前整學年一起施測，還沒處理過「讀後心得」呢！

以下是班級5的學生在期中、期末考的選擇。學生第一次考完就有人說：5隻熊太難，早知道就選3隻熊。

出乎意料的是，之後的「小熊考卷」是併入定期評量的，「業績」居然還超越上一次，除了證明「小熊魅力無法擋」之外，另一個原因應該是，學生對於用表格整理訊息的把握度提升了吧！

我想挑哪一份考卷？
(1) 5隻熊 **10人**
(2) 3隻熊 **13人**
(3) 1隻熊　**1人**

期中考：哥倫布的航海夢

說明文：肉圓大不同

我想選哪一份考卷？

①　　　　②　　　　③
5隻熊　　3隻熊　　1隻熊

期末考：肉圓大不同

小花鼠教學筆記

★要怎麼開始

一、先聚焦局部，再思考整體。

二、先調整配分，再提升品質。

三、先處理一課，再循序漸進。

★小提醒

一、讓課外文本符合不同評量目標，發揮最大效益。

二、若試題分量多，要分成幾次考試降低學生負荷。

三、開放題以評量理解為主，錯字、注音先不扣分。

★課外文本

一、《國語日報》或週刊。

二、其他版本的課文。

三、適合兒童的雜誌、書籍。

小花鼠內心小劇場

　　嘴上說不在意分數，但，如果分數真的能反應學生的能力，似乎也很難視而不見。

　　只看總分不看各題分布，無法得知細節；只看各題分數沒有分析原因，也無助改善現況。

　　看來，關於評量還有一段路要走。

　　而且，目前定期評量的試題，還是量化為主，若用質性的方式評估，是不是可以更完整的看到學習成效？

　　該怎麼做呢？

質性評量，展現能力

不同情境落實所學，展現學習力

評量≠考試＝隨時都可考試

要評估學習成效，一定要考試嗎？

或者這樣問：要評估學習成效，一定要寫考卷嗎？

上述，都是否定的，是吧！

無論老師、學生，多數人都不喜歡考試，有壓力呢！

如果有「評量」之實，卻無「評量」的壓力（或是少一點），那該有多好？

這道「考題」是老師的，讓我們一起找答案吧！

課內撤鷹架：無招勝有招

接到新班級，前半段通常是訓練期，後半段才能嘗到收成的喜悅，慢慢進入「無招勝有招」的境界。

既然已經有許多故事基模的經驗，那就試試看吧！〈國王的噴泉〉的內容大概是：

國王想建一座噴泉，但如此一來，下游的村民就沒水喝，於是村長想找人去說服國王。

村長找了……

最後，說服國王的是村長自己。

（康軒4下　閱讀一）

我還是出了一張預習單，不同的是，學生不但要寫答案，還要自己出題目，我只寫了幾句話。

4下預習單 ___ 閱讀一 ___ 國王的噴泉　404班　號 姓名：	
【理解它】讀圖文，理文意 只要問自己一些問題，就可以知道文本的重點喔！ 1. 2. 3. 4. 5. 6.	挑戰一下：如果想更深入了解文本，可以再問自己哪些問題呢？ 【理解它】讀圖文，察特色 如果想知道作者做了哪些安排，才能寫出這麼好看的故事，可以再問自己哪些問題呢？

學生可決定是否參考資料，但先不討論，作業結果如右圖。

故事文本自學成果統計圖

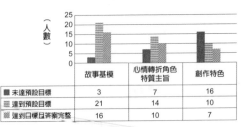

（人數）	故事基模	心情轉折角色特質主旨	創作特色
未達預設目標	3	7	16
達到預設目標	21	14	10
達到目標且答案完整	16	10	7

學生對故事基模的掌握度大致不錯。到了心情轉折、角色特質、主旨，挑戰性更高了，答案完整度不錯的，還不到一半。而且，還有7人未達目標。這些人有幾個是連資料都沒帶回的，看來，主動性還是不夠。

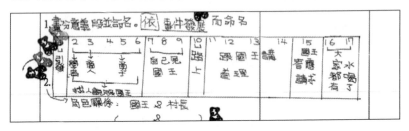

（蔡心盈）

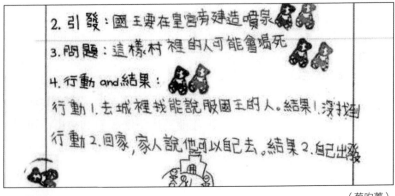

（蔡昀蓁）

能力，來自於經驗；好表現更需要用心，底下兩個學生就屬於努力完成任務的。學生最掌握不到的是「察特色」，其實許多老師也是，所以需要更多例子補足經驗。

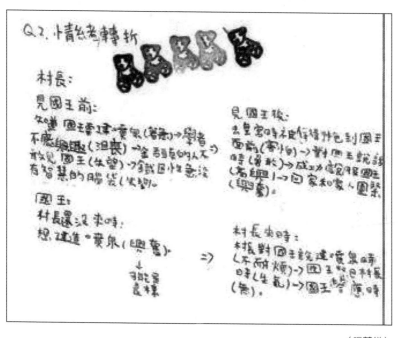

（張蕎鎂）

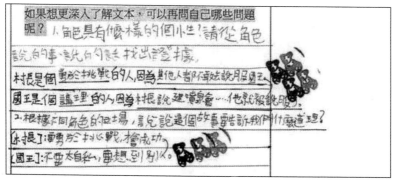

（莊詠婷）

課外再延伸：功力再提升

如果所學只用在課本，那不但可惜，也不算具備能在生活實踐的「素養」。所以，有機會、要抓緊，沒機會就得努力製造囉！

臺北市中年級都有「育藝深遠」的校外教學，學生可到劇場看表演。有一次看的是〈孔融不讓梨〉。那次出發前，我其實沒時間介紹故事原著，只好在結束時利用半小時討論一下。

原本抱著嘗試的心理，沒想到，幾乎每個學生都可以憑著觀看印象，將故事重點整理出來，有的家長還留言表達他的驚訝、興奮與感謝。

4111-2

主角的行動是什麼？行動

後的結果是什麼？

1.搶來搶去。結果：失敗

2.分享。結果：成功

主角在行動中遇到什麼問題

？大家都只想到自己，誰也不讓誰。

最後的結果是什麼？

1.大家和平相處了。

2.每個人都分到梨子了。

主角們的個性特質是什麼？

孔融：

閱讀教學新思維　180

聰明

分給五個人。

他可以解決要怎麼把三顆梨子

可以把為什麼李家和孔家的

關係說的非常清楚。

這篇故事要告訴我們什麼

道理?看完齣戲你有什麼感想

人就一定也會很開心。

有時候,不是你自己開心,別

有時候,一個東西分享給別人

會比自己吃更開心。

家長:

老師辛苦了,聽完丞右的報告分

享,我的心情是很驚訝、興奮到很感謝。所以

還是那句話,謝謝老師。

驚訝:

從丞右的口中得知,老師是希望學

生從文章或故事中練習思考的訓

練。從「把近他,了解他到運用他」

和以前我們的國語課大不相同,這過消

興奮:

我們的思考邏輯,那不並是過去學

課做,這過才是我們的國語語文寫

我們老師教我們的生字或義文章

而是好好的自己的思考整理出的

是好好的運用生活中。所以我

議的是我們的教育下一代不一樣的

討論的,近運用在生活中的!謝謝老

同,而這才是他們裡面的!謝謝老

師,你給我們下一代不一樣的。

為了確認丞右是能兵的了解老師的

教學內容,我們用一起也努、腦筋急

轉彎,給例子讓他自己提出問題,丞

右的做法乒我想像的不同,他把自

己記下老師的問題順序,如主月是

誰、過到什麼問題、如何解決、結果如

何、他告訴我們什麼苦等等。故結束

這一連串的問身苦後,他踴躍能

為道思影響我們更能融會貫通。我們另訓

為了讓他更希望我能融會貫通,我們兵訓

練他把剛剛的問題歸納武老師

(謝丞右及其家長)

學習遷移，健康課也行

哪些課文會有大大小小標題呢？例如自然、社會等。如果知道標題之間的關係，就會更了解文本結構。

睽違許久，最近又要上健康課了。每次進入新的單元，我都會花點時間想想標題之間的關係，並試著畫下來。例如「健康守護者」這個單元有5課，分別是：護眼小專家、寶貝我的牙齒、流感追輯令、探索過敏、就醫停看聽。這部分的評估可分兩階段：

一、從學生畫的圖，就可以知道他們的理解；

二、知道標題關係，還要說出理由再次確認。

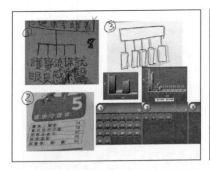 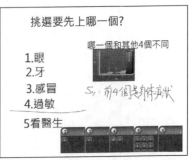

以「健康守護者」而言，1-4課是並列，都屬於身體的症狀，所以，想先上哪一課，就讓學生作主囉！

評自己也評他人，印象更深刻

本校每週一都有「語文交流道」的活動，學生可以到別班說說故事、分享新知，藉以訓練口語表達能力。

有時，我也會讓學生自評或評他人。「自我覺察」是很好的起點，再配合明確的指標，效果會更好喔！

★評自己

「語文交流道結束，老師要我們想自己哪個部分做得最好。我覺得應該是態度大方、語音清楚，因為平時上課老師都會讓我們發表，我把它當練習，才能這麼熟練。」（強睿恩）

「我覺得最需要改進的是態度大方，因為平時面對很多人時，我只要一講就感覺害羞。」（陳柏安）

★評他人

「那天來了兩組同學，第一組故事不短，但音量太小聲，第二組故事不但說得沒頭沒尾，聲音也太小，故事也短。所以一定要大聲、故事要長、不要沒頭沒尾，還有要站好。」（吳昱德）

★提供建議

「常常有人語文交流道時都會緊張到結巴，有一些方法可以讓我們不會這樣，例如：事先練習很多遍，或者和朋友一組互相加油打氣。」（陳語荷）

聽說讀寫，一起來！

這次有些不同，教學者、學習者都是被評估的對象。上課的是我上一屆的學生（高朗軒，六年級），在「閱讀」了右方這兩本書後，要整理共同的主題「太陽系」，將完成的筆記「說」給四年級的學生「聽」，再讓他們「寫」下自己的筆記。大概的內容是：

　　太陽系中各行星之間的關係

　　太陽、地球、月球的關係

　　而我呢？就好整以暇的在一旁，觀看者這場「兄弟鬩牆」大戲囉！有的學生用條列的方式記錄，有的則用符號圖像表示訊息關係。

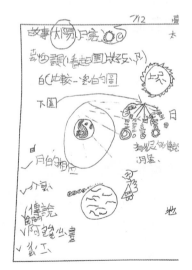

（楊子怡）

（吳昱璇）

另外，為了表示星球間的關係，也有人會用圖示來呈現。

此外，有的學生還會留意到兩本書之間的異同並比較。如下圖。

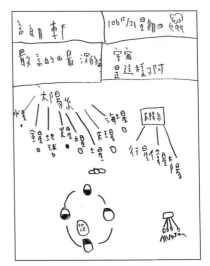

（郭翊緯）

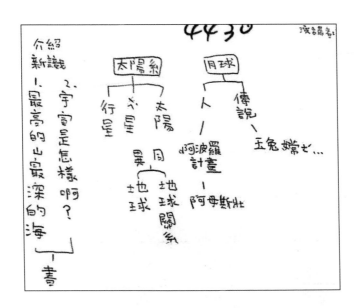

（張薑鎂）

所以，無論是生活或學習，只要能運用所學，都是「評量」的好時機喔！

小花鼠教學筆記

★要怎麼開始

一、單一領域開始，逐漸往外延伸。

二、課內培養能力，課外運用所學。

三、學習評量與生活運用，雙管齊下。

★小提醒

一、讓學生習慣透過口語、文字表達。

二、質性的評量規準，更需大量經驗。

三、有機會就把握，若沒機會就製造！

★適用時機

無論是生活或學習，只要能運用所學，都是「評量」的好時機。

小花鼠內心小劇場

　　明明不喜歡考試，卻製造了一堆「評量」的機會，真是「口是心非」耶！

　　到最後，評量、教學，其實已經分不開了。當我不再緊迫盯人，斤斤計較著考卷上的數字；當我更專注於學生質性的表現，仔細分類、發現問題、尋找亮點……

　　其實，做這些事比改考卷更花時間、更傷腦力。

　　但慢慢的，我發現自己彷彿也從「分數」的緊箍咒中得到釋放──鬆了一口氣。

　　因為，我會更知道自己接下來應該「為何而戰」了！

持續成長

　　經過了教學調整、氛圍營造、微調評量後，
「自・動・好」的拼圖大致完成了。
　　接下來，仍要持續透教學筆記，在網路上
提供交流平臺；持續與志同道合的夥伴一起前
行；持續研發教材，讓自己對閱讀更有整體感，
並以具體的例子與人溝通理念。

教學筆記，彼此鼓舞

記錄並分享歷程，提供交流平臺

從那天起……

讀寫營結束，寫一則文；

社群備課後，寫一則文；

公開教學後，寫一則文；

觀課結束、開完工作會議……

舉凡大小事，都要跟「臉書大人」報告。

於是，團隊夥伴個個都練就快手寫po文的功力。

既然如此，每天的教學應該有更多題材可寫吧！

於是，從那天起，開啟每週例行的絞盡腦汁模式。

轉眼，三年多了，200則了……

充實中的空虛感

　　我記錄教學歷程的起點，並非閱讀，應該追溯至十幾年前，開始帶實習生的時候。

　　當時，學校要求得帶著他們寫行動研究。天哪！原以為拿到學位就可以脫離「寫報告」的命運，沒想到⋯⋯

　　我們這些「同病相憐」的老師，每次要開會討論前，就先將各自的實習生「唸一頓」——若不是因為你，我怎會如此「歹命」呢？

　　就這樣，那段時間，我每年都要想方設法弄一個行動研究才能交差，後來又加上教案比賽。好像約好了似的，那幾年，幾乎每學期都會「正巧」有事做，感覺日子也過得挺「充實」。

　　接觸閱讀後，很多事都回不去了，不只備課、教學、評量，還有寫筆記的習慣。如果說，之前參加比賽是點狀的紀錄，閱讀教學的筆記就是線性的積累，這些資料讓點滴的歷程得以串連，填補了點狀紀錄之間的「洞」。

　　現在才知道，之前的「充實感」，原來很「空虛」。

從那天起，絞盡腦汁

雖然接觸閱讀後，我就有記錄教學的習慣。但第1則po文，卻直到6年後（2014.10.28.）才出現。

因為一場公開教學，欣希教授說：你應該寫一篇心得。說真的，因為是深刻的體驗，要抒發感想其實沒什麼難度。很快的，我寫了落落長的一則文，貼上FB。

第2則文在一個月後出現。細節已記不清，但根據「合理推論」，應該是某隻貓又隨口「喵」了一聲：po文要固定，每週一則。

就這樣，開啟了每週絞盡腦汁的日子，到今年（2018）7月，會累積到200則。

在那之前，雖然也有一些分享經驗，但對固定po文仍會有些惶恐，不確定自己能否勝任這樣的分量。

為了「說到做到」，我只好督促自己要隨時整理資料，免得開天窗。慢慢的，我發現：

一週五天，每天的教學現場總會有些事情可記錄，只是，願不願意靜下心來整理而已。

教到哪、寫到哪→自問自答

因為智慧型手機的崛起，教到哪就可拍到哪，甚至要臨時錄音或來一段錄影，都可一鍵完成。

這些課堂的紀錄，就是很好分享素材囉！前半年的po文，大致也是以此為方向。簡而言之，就是「教到哪、寫到哪」，看po文的內容就知道教學進度了。

接著，我開始「自問自答」。

因為，當我們拋出一個議題時，老師們的疑問常常很類似。例如：

字詞教學怎麼處理？

要如何設計預習單？

如何備課？有什麼建議？

想調整評量，該如何開始？

……

當相似的問題一再出現，就表示有整理的需求了，有一部分po文就是為了回應這些疑問而寫的。

分類整理，更知整體

po文越來越多，對於記憶力不好的我，其實是一種挑戰。因為，當我需要用這些資料與老師們交流時，常常找・不・到！

於是，我開始將資料分類，這樣做有幾個好處：

一、方便資料查詢彙整，一目了然。

二、系列性的整理，讓資料更完整。

三、根據資料多寡，檢視教學比重。

第一點純粹是輔助個人微弱的記憶力；第二點則是便於與他人分享；至於第三點，我覺得對後續成長幫助是最大的。因為分類就是另一種自我檢核：清楚知道自己教學的著力點，也更能看出哪部分被忽略。

當我有意識的充實各類資料，也會讓自己的教學更全面，讓思考更清晰。

真的，寫文分享，看似付出，其實收穫更大。

您，心動了嗎？

落實理念，看見可能

當我們一再宣揚理念應如何落實，不如提出具體的例子來交流；當我們已用自編教材說明理念，不如告訴大家該如何具體教學；當我們已有教學的示例，更需要的是分享如何更順遂前行的方法——無論困擾來自內在能力的成長，或是外在環境的拉扯。

想使用我們團隊研發的教材，又不知如何開始；想透過現行教材落實理念，卻不知該如何調整；選擇權、差異化都很重要，但……

說真的，有時不是老師們不願調整，而是有許多不確定的因素讓大家裹足不前。

讀寫學會的FB社團，希望提供一個交流的平臺，讓大家知道在理念落實的過程中，會看到美麗的風景、也會有阻礙前行的石頭。而我的教學筆記，希望能扮演「引發」的角色，引發大家關注閱讀的議題、共同討論。

您，被引發了嗎？

漂亮的結果比不上真實的困擾

每週一文，聊備課、聊教學、聊評量，「理性」的內容讓一切都顯得水到渠成，彷彿在天龍國任教就已經成功了一半！

教授說，也要「分享失敗的經驗」。我原本很猶豫：當然要寫成功的、有效的，才能讓人覺得有收穫啊！（OS是：寫失敗經驗？那也太丟臉了吧！）

但，易地而處，我會只想幫別人喝采嗎？

如果需要的是他人稱羨的眼光，那麼「漂亮的結果」就可以達到目標；如果希望的是引發他人一起努力，那麼，真實的困擾、因應的策略、漂亮的結果，三者缺一不可。

所以，

如果您在落實上有一些困擾，歡迎拋出疑問；

如果您有因應的策略，歡迎提出來互相交流；

如果您已有漂亮的結果，請將歷程寫出來，明示困擾、提供策略，我們需要您的經驗讓他人感同身受，進而起而效尤！

謝謝不知名的你

記得寫第60 則文時，感覺好像過了「一甲子」，出乎意料的，竟得到比平時更多的回饋。當時，真是小小虛榮了一番！

邁入第100則時，感覺自己立了一個里程碑，正式往三位數挺進。在本書出版時，應該接近第二個100了。

一個讚，就是一份支持；

一個留言，更是一份鼓勵。

謝謝許多不知名的你，你們的回應，是我願意持續po文的重要動力！

其實，老師（大人）也很需要被鼓勵喔！

所以，「鋼鐵花」還是需要大家回饋來灌溉，才會長高又長壯啦！

小花鼠教學筆記

★要怎麼開始

一、拿起手機，拍黑板、拍學生作品。

二、打開電腦，寫困擾、寫方法、分享心得。

★小提醒

一、漂亮的結果比不上真實的困擾。

二、老師（大人）也需要被鼓勵喔！

★適用時機

只要您有困擾、有收穫、想分享，就是開始的好時機！

小花鼠內心小劇場

　　我們這個團隊的領導者很優秀，她只有兩件事不會，就是：除了閱讀，這個也不會、那個也不會。

　　在英明的領導者底下，這個團隊也只做一件事（號稱啦），然後像細胞分裂一樣不斷增生，變成：

　　1-1、1-1-1、1-2、1-2-1、1-3……

　　包山包海，都是閱讀！

　　我常常會疑惑：人生，除了推動閱讀，還有許多有趣的事情耶！

　　但，我竟將10年的青春歲月都給了閱讀。

　　自己成長，不夠；寫文分享，也不夠。

　　還有什麼？

　　帶領社群？研發教材？

　　看來，接下來的生活還是會被「閱讀」填滿……

帶領社群，協力同行

透過異質夥伴彼此激盪共同成長

看看別人，想想自己

「這應該不難，怎麼需要那麼多次？」

「這不是已經……怎麼還……」

每當冒出這些話，通常就會出現喵喵聲：「你要想想自己當初是怎麼走過來的。」

當初？

新舊觀念磨合，必須調整卻一直卡住的日子。

每晚對著電腦發呆，就是寫不出教案的日子。

開會討論、修改教案，趕捷運末班車的日子。

那些水深火熱、度日如年的日子，我怎會忘？

雖然歷程很難省略，但時間應該可以縮短吧？

從教小孩到教老師

當老師的工作，就是教學生。

如果對象是小孩，那很理所當然；如果對象是老師，那還會理所當然嗎？當然……不太一樣囉！

一開始擔心冷場，只好準備一堆資料；怕忘詞，只好將想講的都打在PPT上。只要在時間內講完所有內容，就算達到目標了。

幾次之後，開始思考要怎麼引發大家的動機，例如安排一些輕鬆有趣插曲、一些可以互動的橋段等。

點狀的分享後，開始接受系列性課程的挑戰，如果是連續幾次，該怎麼安排？如果時間更長呢？

於是，我除了是教小孩的老師，有時也需要和不同類型的老師們討論。

這些經驗不但加速了我的成長，更拓展了我的視野。當我再回頭面對自己所處的情境，會多一份坦然、多一份釋懷、多一份珍惜。

從不能吃的 PISA 開始

已經忘了初次接觸PIRLS是什麼場合，只記得我第一次聽到PISA時，疑問一直冒出來，但又不好意思問：為什麼會提到pizza ʻ？

直到研習結束，臺上的講師問大家的收穫，我才終於恍然大悟的說：原來PISA不是pizza，是不能吃的！

參加了PIRLS的研習，要練習分辨問題的四個層次，答案就四個1.2.3.4。我卻常常猜錯。那時覺得，這東西和我應該沒什麼緣分吧！講師不也說了：問題的層次不是最重要的，重要的是問題的意義。所以，我會提問就好了。這是老師的專長，沒問題的啦！

接著，開始設計問題了。沒想到，這才是「人比人，氣死人」的開始。一比之下，自己的提問看起來好蠢！

問題的意義不夠、層次不明顯，更別說要兼顧內容和形式了。

提問不是老師的專長嗎？怎會這樣？一陣沮喪後，似乎看到曙光了——文本分析才是基礎啦！

那隻討厭的蜘蛛

我的文本分析初體驗是〈蜘蛛的摩斯線〉，那是一篇科普的文本。內容大概是作者（法布爾）透過觀察蜘蛛的行動而產生假設，再透過實驗來驗證的歷程。

記得那是一個工作坊，我們最後必須產出一份文本分析和提問。對於動植物一向傻傻分不清楚的我，第一次這麼「近距離」與動物相處，而且，還是醜醜的蜘蛛！

我們對著那隻蜘蛛左看又看、上看下看，就是抓不到方向。原本就對蜘蛛沒好感的我，更討厭這種動物了。

在絕望中，閃過一個念頭：教授不是說，有問題可以提出來嗎？

我硬著頭皮發出求救訊息。於是，在某天放學後，教授親自出馬到校指導。我們幾個等她看文本，一副炸彈已經解除的悠閒樣。幾分鐘後，她說：你們不覺得這篇文本應該是⋯⋯

終於可以交作業了。只是，我還是不懂，為什麼這樣看一看，寫一寫、畫一畫就好了？

不過，至少我知道，需要的時候，有人可以問！

帶領的初體驗

有一些經驗後，我嘗試「包工程」邀約學年夥伴一起成長，那時的設計以繪本為主。

兩個文本，來回討論N次。我嘗試用建構的方式慢慢讓夥伴凝聚共識，後來證明，這方法有待商榷。

原因一：對於沒有經驗的對象，建構的過程會讓大家抓不到目標。

原因二：對於沒有經驗的帶領者，太開放可能會讓自己無法收網。

因為無法在混亂的討論中給予明確的建議，所以幾乎每一次都會翻案。光是文本分析就讓大家筋疲力盡，更別說是提問設計。最後，只好我自己處理了。

實際參與設計的目的是「從做中學」。如果在多次討論後，參與者仍然對最後的定稿覺得模糊，或是未能感受到修改前後的差別，那就表示大家並未從中獲得具體收穫。

帶領，真的是一門大學問！

自己人，不好帶？

曾經有人跟我說：自己人不好帶。

那時我還真是不相信。自己人有默契，溝通才方便，不是嗎？

水能載舟，亦能覆舟。正是因為自己人溝通方便，所以，就會大開方便之門。

對帶領者而言，很難要求大家一定要達到何種目標，因為平時不是這樣的互動模式；對參與者而言，難免也會比較輕鬆，因為自己人，好溝通嘛！

於是，可能會有兩個結果：

結果一：調整目標，讓社群氣氛輕鬆寫意，但成長的速度緩慢。

結果二：目標導向，若彼此沒有足夠共識，可能傷了彼此情誼。

所以，不是自己人不好帶，而是彼此是否有共識。若有，那自然是「天作之合」的美事一件，否則，還是先以志同道合的夥伴優先，因為傷了和氣真是划不來呢！

校外找夥伴，讓「1」成為「眾」

　　每個學校都會有一些願意精進教學的老師，這些人對成長有更迫切的想望。只要有適合的交流平臺，就會讓他們從四面八方聚集在一起，許多跨校社群於焉成形。

　　因為社群，讓這些來自各校的「1」有了交流的平臺。他們不但利用課餘時間共同備課，有的還自發的透過公開教學自我精進。

　　如果說透過「教學筆記」分享是「紙上談兵」；那麼與社群夥伴分享教學，就是實戰考驗了。最大的優點是，完全不用擔心如何「引起動機」，因為，每個人都是帶著滿滿的動能而來；但，要如何讓這群「動力發電機」帶著滿滿的能量而歸，也成了帶領者最大的考驗。

　　如果希望這群夥伴能成為在地的種子教師，那麼課程的規劃就不能以系列性研習為滿足，還要為日後的推廣做準備。

　　看到他們，不免會想：當初的我，是怎麼走過來的？現在的我，要如何引領他們往目標前行？

風水輪流轉

在這些夥伴的身上,我彷彿看到過去的自己。

記得在《一隻有教養的狼》之後,我密集的用現成教案教學。當時有一些疑問:

一、教案設計很奇怪,為什麼不能用自己的理解來教學?

二、明明已經照著設計教學,為何教授還是覺得不到位?

風水輪流轉,現在帶領社群,遇到的狀況變成:

明明我不是這樣說,為什麼大家的理解如此不同?

明明講解了也示範了,為什麼看到的教學還是……

很熟悉吧!這就是自己曾走過的歷程啊!

原來,許多事在很久很久之前就埋下了伏筆……

既然社群以培育種子教師為初衷,我想,有效達標的方法之一,就是讓「種子盡快發芽」。因為我也是在分享、帶領的過程快速成長呢!

「分享」是最快速的成長

雖然我們的工作就是站在講臺上，但多數老師其實還是害羞的；雖然當初成立社群的宗旨是「為了培育能協助推廣的種子教師」，但多數人一開始並非為了成為分享者而來。

我完全理解，因為，最初我也從未想過自己會成為推廣者，甚至是帶領者。

不過，對自己的期許應該是與時俱進的吧！當自己接受的資源越多，就越能感受到肩上的責任。即使是回到自我成長的目標，「分享」仍是有效的方法。

這道理很簡單，學生也能體會喔！

我曾邀請六年級的學長，指導四年級的學生整理〈遠方的來信〉、〈請到我的家鄉來〉（康軒4下）兩篇課文。

「我在指導404班的時候，會更了解不同國家的知識，像食物、運動、地形、宗教、節慶等。我也可以同時了解小學四年級的程度，並從中觀察和學習。」（高朗軒）

真的，分享是最快速的學習。

親愛的夥伴，你準備好了嗎？

走出舒適圈，視野更寬廣

因為教學分享，讓我有機會走出「天龍國」，接觸不同類型的老師。我終於體會到──臺灣很小，教學現場卻是如此不同。

有些學生只能依賴學校老師，才能正常的學習；

有些老師必須經過遙遠的路程，才能進修成長。

好山好水的環境，未必能給孩子好的學習環境；

學生只有個位數的班，未必比二十幾個人輕鬆。

當我招數盡出、長篇大論的談論教學經驗，可能會因為情境不同，完全不管用；當我得意的分享自己如何運用同儕力量、鼓舞學生動機，才發現這招對只有兩三個學生的班級，毫無用武之地。

家家有本難念的經，即使同是都市的學校，也存在著許多差異呢！

我不再、也不能以單一標準看待教與學。

謝謝這些經驗，讓我的思慮得以更周延。

小花鼠教學筆記

★要怎麼開始

一、邀約三五好友，聊聊教學、說說困擾。

二、選擇適合自己的社群，投入一段時間。

三、分享就是成長，當機會來時，請把握！

★小提醒

一、根據自己的需求，決定成長的速度。

二、沒時間參加實體社群，可以透過網路增能。

★適用時機

只要您想自我成長、精進教學，隨時可開始喔！

小花鼠內心小劇場

　　每個社群的屬性不同，有的像夏令營，情感交流為主，成長精進為輔；有的像戰鬥營，一開張就是備課、教學、寫省思回饋……

　　青菜蘿蔔各有所好，每個人成長的節奏不一，只要選擇適合自己的就好。

　　其實我覺得夏令營也不錯呀！

　　教學嘛！何必要那麼緊繃？

　　只是，大家利用假日，放下家庭、捨棄休閒生活、從各地趕來，應該不是想來聊聊而已吧？

　　謝謝夥伴們，讓我有機會透過分享重新檢視自己的實踐歷程，和大家一起「戰鬥」的感覺，真好！

研發教材，換位思考

同一目標不同角度，更有整體觀

閱讀，無所不在

吃鐵板燒，看著廚師俐落的將食材一步步變成佳餚，我想的不是食物的美味，而是，這應該可以寫成一篇非連續文本！

到動物園校外教學，拿著摺頁說明路線，有的學生一臉茫然，我想到的是，如果有一份教材教他們看懂地圖，那該有多好！

閱讀教學脫離不了文本，與人分享也需要有文本才能讓對方知其所以然。但版權一直是需要克服的問題，尤其對一個「窮得只剩理念」的單位而言，怎會有經費支付呢？

沒錢，就自己寫吧！

寫文本只是個開始，接著還有教材，那段日子才真的是黑白的……

訂做一個「它」

有時，我們會嫌課文寫得不好，有時會覺得找不到適合的文本，好不容易找到文本，卻受限於版權……

如果出現這些狀況，可以試試自己寫喔！

雖然我們常指導學生寫作，但平時如果沒有書寫習慣，突然要自己來一篇，可能會覺得下筆有如千斤重了。

萬事起頭難，原本我也沒想過自己可以寫文本。但如果有目標、有架構，應該會快很多。就像文本分析一樣，決定內容主旨，安排全文架構、確認呈現形式後，就可以下筆了。

任何的學習都是從模仿開始，我們如何引導學生寫作，就如法炮製在自己身上囉！這樣，我們也更能體會學生擠不出墨水的困擾。

自己寫文本有許多好處：不用擔心版權，寫作、分析，一氣呵成，甚至連教學設計也在腦海中了。

心動嗎？來一篇吧！

生活題材好入手

寫作，最需要的就是靈感了。

以學生而言，若有實際體驗，就不愁沒有題材。所以，舉凡校外教學、體育表演會等，活動結束，常常隨之而來的就是一篇作文。因為是真實的經驗，所以內容也不致於太貧乏。

團隊夥伴一開始撰寫文本，也是選擇與自身經歷有關的內容，例如：旅遊所見所聞、個人專長興趣、家庭生活趣事、童年生活經驗等，就連夥伴們到各校分享的趣事都成了寫作的題材。

因為是量身訂做的文本，所以下筆前就已設定閱讀的對象、搭配的領域，以及呈現的形式，例如故事、說明、或非連續文本，還有，文本字數也在考量之列。除此，還邀請相關的專家確認知識的正確性，同時根據內容搭配插圖輔助說明。

頓時，每個人都化身為作家。寫作，真的不像我們想像的那麼難。

楷模學習，見賢思齊

第二個寫作的高峰期，就是楷模文本的撰寫了。

這個任務的挑戰性較高，因為是別人的經驗，因為有出版的時間壓力。

在教授訪談扶輪社成員後，夥伴們必須從逐字稿擷取精采內容，轉化成文本。這次由我和另一位夥伴負責審查的工作。

要如何與撰寫者溝通，也是一門學問。如果雙方有默契，只要三言兩語即可；否則，就要透過示範、舉例的方式來說明。

我們期待學生閱讀楷模的人生故事，能見賢思齊。因此，文本的撰寫就要達到上述目標。但，要將他人的人生經驗寫得有趣又不失真，的確不容易。尤其，當訪談資料偏重專業知識，更增加了「趣味」的難度，有些文本甚至經過10次以上的修改才定稿！

無論是撰寫文本或修審稿件，都讓我得以從「後臺」的角度看教材，這是很珍貴的經驗呢！

什麼是模組？

文本、設計、理念，何者才是研發教材的源頭？

我想是「理念」，因為「理念」具有一錘定音的作用，文本的挑選、教材的設計，都是依此而行。

第一次的經驗，是104年參與國教院教學模組的研發。想想，如今在教學上操作得順手的故事基模，當初是如何「磨」人呢？

光是挑教材，就傷透腦筋。第一次感受到什麼是大海撈針，找文本、修文本，教學設計更經過N次的修改。

那段時間至少長達一年吧！

假日，各縣市的夥伴，有的穿越雪隧、有的搭乘高鐵，紛紛集合到臺北開會。不用開會的日子，一到晚上，準時上線討論。有個夥伴的家人忍不住起了疑心：

小花是男的還是女的？為何你每晚都和小花聊天聊到半夜？

然後造成一個假象：小花晚上都不用睡覺的！

我們這群人號稱苦力團隊，其實，根本是「血汗工廠」的創始人。開會中場休息，教授會依照每人的「症狀」，「餵食」不同的營養品，好讓我們有體力繼續工作。但，這樣是不夠的，還是有人因為看螢幕看太久，需要額外補充葉黃素；還是有人半夜討論到一半，就沒了消息，原來，她從椅子上跌下去了⋯⋯

為什麼需要一直修改？

因為掌握不到理念，設計就不到位啊！

為什麼需要一直修改？

不到位的教材，教授怎可能點頭過關呢？「亞斯貓」的稱號豈是浪得虛名？

她「一錘」敲下，看似容易，但我覺得自己好像「音痴」一樣，無法解讀。我想，有幾次她應該很想直接把我「錘」下去吧！

第一批研發的貓頭鷹教材

「自作自受」的教學

嘔心瀝血的教材終於誕生，當然要自己用看看啊！

等等，天下沒有白吃的午餐。要用免費的教材，可以，得同步錄影。

為了讓參與計畫的學校有參考依據，我們幾個夥伴開始將近一個月的教學錄影。

因為要錄影，更要充分備課；因為是錄影，我只能忍住不罵人，連學生不專心，臉色都不能太難看。

雖然之前也有類似的經驗，但將近18節的時間，不只老師覺得疲憊，學生也覺得有壓力。記得最後一節完成時，全班都呈現虛脫的放鬆狀態，連攝影師也覺得終於「殺青」了。

自己設計教材、教學，再加上錄影，整個歷程就像一部「紀錄片」，記載著我對閱讀的理解、對教材的詮釋。

教材，出版了；課，上完了。

我似乎更能掌握「理念」了。

人生無法重來，但教材可以修改

我的記性不佳（若依亞斯貓的說法，應該是根本「沒有」記憶體），但是，對於研發歷程的辛苦還不致於忘得那麼快吧！

不過，當教授提出要再編一套教材時，我仍是說「好」。當時，我天真的想，反正，照著同樣的的模式再做一次就是了，應該還好吧！

但，我忘了一件重要的事，「亞斯貓」一定會有不同的想法。只要她喵一聲，我們又得團團轉了。

雖然是第二次，仍舊逃不了修改N次方的宿命。因為，總要針對第一次不足之處再調整啊！

就這樣，我又完成了第二次故事體教材的研發。

我相信，自己比以前更會「說故事」了，連我的學生也是！

1.2.3.4，再來一次

　　故事與說明是文本的兩大塊拼圖。經歷兩次「故事」之後，讓我不由得對「說明」更殷殷期盼了。

　　終於，輪到了知識性的說明文教材。

　　雖然在語文課程中，也有說明文，但卻不是那麼的典型，反而是其他領域的課本，如社會、自然等，更能看出說明文的特性。

　　這次，最大的辛苦有二：

　　一、重新建立說明文的基模

　　二、知識性的內容，有的離我好遠

　　同樣的，一開始得大量閱讀文本。其中，科普文本的知識負荷原本就比較重，有些內容連自己讀起來都覺得吃力，例如看到有關地球科學的資料，感覺好像重回國中時代一樣。

　　於是，我更能體會，當學生面對親和力不強，或是背景知識不足的文本，更需要閱讀策略的輔助。

過程中，我就像學生一樣，感知對文本的理解與疑惑；必要時，透過資訊檢索搜尋資料；在思考「運用它」的設計時，不斷問自己，這些硬邦邦的知識要如何與生活連結？

　　透過說明文教材的設計，我不但重溫了「知識」，更掌握閱讀的方法，同時也思考「知識的作用」。接下來，就等著在教學中落實理念了。

　　這幾年密集的研發，撰寫文本、設計教材……

　　接下來的方向，誰知道呢？

　　應該還是閱讀這「1」件事吧！

小花鼠教學筆記

★要怎麼開始

一、撰寫文本：確認主題、蒐集資料……寫吧！

二、設計教材：例行的教學就可以用來練習喔！

★小提醒

一、若要自己寫文本，應先確認主題、閱讀對象、寫作形式，再開始撰寫。

二、執行他人教材之前，建議先了解設計理念，而非急著用自己想法修改。

★適用時機

一、撰寫文本：找不到適合的文本或受限於版權，就自己寫吧！

二、設計教材：若既有教材無法達到預期目標，就自行設計囉！

小花鼠內心小劇場

終於寫到最後一篇。

當初因好奇而一頭栽入閱讀，轉眼將近10年了。

在這個領域，我扮演了多種角色：

我是學習者，也是帶領者；

我是教學的老師，同時也撰寫文本、設計教材。

感謝曾一起同行的夥伴，更感謝不斷「鞭策」小花鼠的亞斯貓，沒有她，不會有這本書。

未來如何？

堅定、前行，如此而已。

國家圖書館出版品預行編目資料

閱讀教學新思維：教出聽說讀寫力 / 花梅真作. -- 初版. --
　臺北市：幼獅, 2018.07
　　面；　公分
　ISBN 978-986-449-115-5(平裝)
　1.漢語教學 2.閱讀指導 3.小學教學

523.311　　　　　　　　　　　　　107008489

工具書館011

閱讀教學新思維──教出聽說讀寫力

策　　　劃＝陳欣希
作　　　者＝花梅真
繪　　　者＝李憶婷
出 版 者＝幼獅文化事業股份有限公司
發 行 人＝李鍾桂
總 經 理＝王華金
總 編 輯＝劉淑華
副總編輯＝林碧琪
主　　　編＝林泊瑜
編　　　輯＝朱燕翔
美術編輯＝李祥銘
總 公 司＝10045臺北市重慶南路1段66-1號3樓
電　　　話＝(02)2311-2832
傳　　　真＝(02)2311-5368
郵政劃撥＝00033368

印　　　刷＝祥新印刷股份有限公司　　　幼獅樂讀網
定　　　價＝260元　　　　　　　　　　http://www.youth.com.tw
港　　　幣＝87元　　　　　　　　　　 e-mail:customer@youth.com.tw
初　　　版＝2018.07　　　　　　　　　 幼獅購物網
書　　　號＝916109　　　　　　　　　 http://shopping.youth.com.tw/